咬文嚼字文库

会说话就出本书

流行语百词榜2

徐默凡 主编

上海咬文嚼字文化传播有限公司
上海文化出版社

前 言

2020年，我们编辑出版了《前排吃瓜——流行语百词榜》，共收录了100篇文章，为风起云涌的网络时代留下了100幅剪影。3年过去了，数字化生存中的语言现象更加五彩纷呈，令人眼花缭乱。为此我们特推出《会说话就出本书——流行语百词榜2》，继续谱写新时期的流行乐章。

本书共收录100篇文章，这些文章都首发于《咬文嚼字》的《网言网语》栏目，大多数刊载于2020年到2022年。名牌杂志的名牌栏目，为本书的选题和写作质量提供了充分的保障。需要说明的是，本书的作者基本都是华东师范大学中文系的本科生，文章雏形为徐默凡老师任教的"语言学概论"课程的探究性作业，因此本书也是"语言学概论"课程改革的重要成果。

本书共分8个专辑，请欣赏：

八面来风：同根同源的日本汉字文化给网络流行语贡献了大量灵感。"断舍离""今日份""空耳"，熟悉的汉字排列出新鲜的感受。而"阴阳师"更是经历了"出口转内销"的历程：源自汉语的阴阳观念，出口到日本后，变为一种护国安邦的神圣职业，转回汉语的网络用语，"阴阳师"又变成"阴阳怪气的人"。似曾相识燕归来，阴差阳错的语义流转耐人寻味。至于字母词"Q""DNA动了"、谐译词"瑞思拜”“××控”等类型都是流行语引进英语的常客了。

俗言俗语：土得掉渣的俗言俗语，因浅显而接地气，也占据了流行语的一席之地。“头铁”“排面”“整活”，浓郁的东北气息扑面而来。“干饭”“真香”“口嗨”，随口而出的表达席卷全网。“家人们”“姨母笑”“憨憨”，亲朋好友的家长里短也开始“走心”了。而“害”“谢谢，有被笑到”“听我说，谢谢你”等口头禅在频繁使用中则走上了搞笑嘲讽的路线。

隐喻世界：隐喻是我们认识世界的一种思维方式，也是词义引申的一种重要手段。“抄作业”“送命题”，唤醒了熟悉的学生时代。“巨婴”“宝藏”“彩虹屁”，稍加思索就能会心一笑。“种草”“长草”和“拔草”，让多少年轻人乐此不疲，但我们也要警惕“大数据杀熟”的机关和陷阱。由此及彼，温故知新，因相似而灵犀相通，这就是隐喻的力量。

万能公式：流行带来使用频率的增加，使用频率的增加带来语义的泛化，流行语的“宇宙尽头”就是随时可套用的万能公式。“万物皆可盘”“万物皆可嗑”“万物皆可拿捏”，万能动词可以搭配无数的宾语。“大写××”“魔性××”“××自由”“××密码”，“常量”恒定不动，“变量”变化多端。什么都“上头”，难免“红红火火恍恍惚惚”，最后就是“流行了个寂寞”。

网语套装：热词千千万，套路就几个。饭圈、游戏圈、二次元空间，这些网络亚文化聚集地贡献了一套又一套的“黑话”，不知不觉地渗透进了日常生活。夸张表达、仿拟修辞、谐音梗，这些都是流行语制造的独门秘诀，年度流行榜上永不会缺席。凡尔赛文学、废话文学、发疯文学，掀起了一波又一波的全民作文热潮。

娱乐天地：饭圈不仅新闻多，而且一向是潮流词语的肇源地。有的明星不仅“C位出道”，而且热衷于“抢C位”；有的明星希望“秀出自己”，争做“清流”；有的明星“塌房”了，粉丝们还要“洗地”……“肥宅”们除了刷“爽剧”，还热衷于打游戏；“纸片人”即使“黑化”了，也永不会欺骗你。人生可以“开挂”，玩游戏最好不要“开挂”，更加不要“挂”了哦。

生活指南：现代人的脸谱五花八门：“直男”虽笨拙，但也不乏可爱；“小镇做题家”上了985，却发现等待他的是当“工具人”甚至“社畜”……现代人的生活丰富多彩：“沉浸式”地享受生活，却遇到数不清的“迷惑行为”；“内卷”得太累了，也可以选择“躺平”……但请不要忘记，这些只是帮助分类的生活标签，真实的生活远比流行语复杂丰富，要尽力去体验啊。

网民智慧：这一届网民很行，搞笑技能拉满，语言智慧爆棚。“阿中哥”，拟人的亲热称呼中充满爱国自豪感。“可爱本爱”，破解词形创造新异表达。“爷青回”，压缩词组形成新的惯用语。“遇事不决，量子力学”，偷梁换柱的混搭组合朗朗上口。而“盗图”“破防”“路人”这些词语必将因其经济的形式和丰富的含义进入将来的词典。

会说话就出本书，网络生活更迭加速，但只要本书在手，流行语的密码尽在掌握中！

目 录

八面来风

俗言俗语

隐喻世界

万能公式

网语套装

娱乐天地

生活指南

网民智慧

八面来风

你学会“断舍离”了吗

翟子颀

各大购物节控制不住“买买买”的冲动，疯狂囤货后发现真正实用的寥寥无几；被接二连三的饭局纠缠，深受其苦但为了维持社交仍不舍拒绝……朋友，也许你需要学会“断舍离”了！

“断舍离”是将“断绝”“舍弃”“脱离”三个词各取一字缩略而成。“断”，就是断绝想买不实用物品的欲望；“舍”，就是要舍弃家里多余的废物；“离”，就是要脱离对物品的执念。这是日本杂物管理咨询师山下英子在她的畅销书《断舍离》中提出的概念。用山下英子的话来说，提出“断舍离”是为了引导读者思考“物品和自己的关系”，不买不需要的东西，处理掉家里没用的东西，放弃对物质的迷恋，让自己处于宽敞舒适、自由自在的空间中。

“断舍离”的本义，是一种家居整理的收纳术，和近年来非常流行的极简主义生活不谋而合。一时间大家纷纷效仿，加入“断舍离”的大军。扔掉尘封多年的旧玩具、捐献不合身的旧衣服、舍弃已经没用的小物件，大胆的“断舍离”让家居生活看起来更加有序。“断舍离”这个词也迅速进入人们日常生活交流中，我们经常可以看到这样的表达：

房间太乱？也许你需要的是“断舍离”。

断舍离，是一个人自律能力的最好体现。

随着语义的泛化，“断舍离”慢慢与人际关系、选择决策等生活中的其他方面也联系起来了。人们开始用“断舍离”表示自己对人际关系的处理方式，例如“对无效社交‘断舍离’”，就是指不再把时间浪费在诸如饭局、舞会这样看似热闹，实际真诚不足、收效甚微的社交场合，而是珍惜长期互相陪伴的知心朋友。再如“学会‘断舍离’，与‘选择困难症’说‘再见’”，则是把“断舍离”作为解决困扰当代大多数年轻人的“选择困难症”的一个方案。

除了含义深刻，与现代生活理念契合以外，“断舍离”能够在网络上迅速流行的另一个原因，是它具有独特的语言特点。“断”“舍”“离”三个动词，本身也极简化，三字连用，音节铿锵，传达出一种力量感。而且，“断”“舍”“离”三个词，都包含“去除”的共同义素，并列连缀，强化语气，传递给读者更强有力的信念。最后，三个动词构成了一种祈使语义，具有较强的号召力，能够让读者快速地接受词中传达的观念。

从风靡网络的“断舍离”到近年来兴盛的极简主义生活，这种受人们追捧的生活方式，不仅体现出人们对生活模式评价的改变，更反映出人们深层次价值观的改变。近几年来，奔波于现代快节奏社会的人们越来越向往简单、纯净的生活，人们追求“断舍离”，正是在寻求一种最适合自己的真纯生活。今天，你学会“断舍离”了吗？

大阴阳师

范晓萌

在网络评论里经常出现“大阴阳师”的回复，这是什么意思呢？来看一个例子，有一个外卖店铺里的评论是：“厨师的手艺精深，一两牛肉可以炒五个菜。”显然这个评论是在讽刺这家店做菜牛肉放得少，但是用了曲折的表达手法。针对这个评论，下面的回复就是“大阴阳师”，所以这里的“大阴阳师”有着特殊的网络含义，表示“说话阴阳怪气”的意思。

“阴阳怪气”的语言往往以反讽为目的，这一过程要借助一定的语言形式加以实现。比如不断地重复词句，在甲提出观点后乙回复“不会还有人这样想吧不会吧不会吧不会吧”，或者在表示反对意见时说“不是吧不是吧不是吧”，这些反复形式就有很强的讽刺意味。再比如将“你”替换为“您”并加上大量礼貌用语，以此表达一种表面尊重实则讽刺的态度。针对以上种种带有讽刺意味的话语，我们都会授予评论者“大阴阳师”的称呼。

“阴阳师”的网络语义也不是凭空产生的，现代汉语中有很多与之相关的词语。

“阴阳”一词本身有多个义项，最常见的是指中国古代哲学中的一对概念。古代朴素的唯物主义思想家把矛盾运动中的万事万物概括为阴、阳两个对立的范畴，并以双方变化的原理来说明物质世界的运动和变化，这就是阴阳学说。而专门研究阴阳学说、掌握阴阳术数的道士则被称为“阴阳师”，这是“阴阳师”的较早用法。

“阴阳”的另一义项是指“阴间与阳间”，“阳间”就是人间，“阴间”则被认为是人死后去往之地，所谓“阴阳两隔”就是指人死之后去往阴间，和世间就永远无法沟通了。因为“阴”代表“阴间”，“阴”也往往被用来描写不好的事物或现象，如“阴气”“阴霾”“阴险”“阴森”等。过去还有一种专门在丧葬仪式中相看墓地、选择吉日的人，被认为有沟通阴阳的超能力，被称为“阴阳生”或者“阴阳先生”。

汉语中有一个成语“阴阳怪气”，用来表示“性格、言行等乖僻，跟一般的不同”，从字面上说也就是变化无端，一会儿阴，一会儿阳，一会儿冷淡，一会儿热情。还有一个词语“阴阳人”，原来指雌雄同体的人，后来也可以指“阴阳怪气的人”，这恐怕是网络“大阴阳师”的直接语义来源之一。

“阴阳师”表示“阴阳术士”的用法本来已经随着时代的变化而消逝，但近年来，随着游戏《阴阳师》的火爆，“阴阳师”大大增加了曝光率，并在社交媒体上广泛传播。“阴阳师”的死灰复燃再加上原来“阴阳人”的用法，两者碰撞产生了“大阴阳师”的反语用法。相较于“阴阳人”这一称呼，“大阴阳师”的“大”加重了语义程度，“师”使褒义贬用的讽刺意味更浓，在网络语境中“大阴阳师”取代“阴阳人”的说法，专门用来指“说话阴阳怪气讽刺技能出众的人”。

“阴阳师”的出现是多种文化交融的产物。词语总是随着社会文化的发展而不断发展的，网络时代随着各种文化群体的交流壁垒逐渐消弭，相信今后会有更多类似“大阴阳师”的词语出现来丰富我们的语言世界。

今日份咬文嚼字

李润婷

当我们刷朋友圈的时候，大家一定看到过这样的表达："今日份自拍""今日份快乐""今日份美食"……再配上自己的生活分享照，简单又可爱。"今日份"逐渐成为高频网络用语，悄无声息地融入了日常表达中。

"今日份"这个词源自日语口语的常用语"今日の分"。在日语语境中，这个词常见于家庭主妇煮饭食时的表达，例如：これは、今日の分の主食です(这是今天的主食)，"今日の分"可以直译为"今天的份额"。

在中日两国语言的接触过程中，中国网友简化了"今日の分"的形式，省略了"の"这一表示领属结构关系的语法标记，并将"分"替换成了"份"，这样就形成了现在我们常用的"今日份"。那么也许有人会问，为什么不直接翻译成"今日分"呢？这就与汉语中"分"与"份"的用法有关了。古汉语中"分"的含义不仅仅包含现代汉语中"分"的含义，还包括现代汉语中"份"的含义。古汉语"分"的意义在日语"今日の分"中保留下来，而在现代汉语中表示"整体中的一部分"时多用"份"而不是"分"，若直接搬用日语中的"今日分"，就和现代汉语的用法不符了。

网络用语中的“今日份”一般不用作主语、宾语，而是充当修饰成分，广大网友用此来回忆、分享、调侃当天发生的事情，或记录当日的生活，或表达心情和感受。最常见的是修饰名词或名词性成分，例如“今日份美食”“今日份晚餐”等。随着“今日份”的进一步发展和普及，搭配成分扩展到动词、形容词或者一些短语，例如“今日份快乐”“今日份甜”“今日份自拍”“今日份穿搭”……但即使搭配成分为动词或形容词，进入“今日份××”结构后，在“今日份”的修饰下，整个结构都变成了一种名词性短语。

由于“今日份××”是对“今天×人做了×事有×种心情”的省略，因此就显得简洁而重点突出，在一大堆冗长的文字中脱颖而出。举个例子，假如你想分享一件日常小事，普通表述是“我今天出去吃了炸鸡，心情很好”，而简简单单一句“今日份美味”再配上令人垂涎欲滴的照片，就比前者富有新鲜感和表现力。

总之，“今日份”作为日源词经过翻译和微小改变后，不仅让人有耳目一新的新鲜感，还稍带有异域色彩。“今日份”的表达方式迎合了许多网友追求新异的审美心理，在网络中迅速流传开来。

叮！“今日份咬文嚼字”新鲜出炉啦！

可可爱爱“××子”

王　彤

近来，“××子”格式的昵称在网络上很是流行，再加上选秀节目的推波助澜，我们经常可以看到有网友这样称呼自己喜欢的明星或影视剧中的人物：虞书欣被称为“欣欣子”，宁静被称为“静静子”，电视剧中迪丽热巴饰演的女主角周放被称为“放放子”……这个“子”到底有啥奥妙呢？

“子”是一个日常使用频率很高的汉字，它的本义是“孳生”，后来引申出“儿女”“儿子”等意思。古代经常在姓氏后面加“子”表示尊称，比如称管仲为“管子”、孔丘为“孔子”、荀况为“荀子”。到了现代汉语中，有些人名尤其是单名后会加一个“子”作为昵称，比如“小桂子”“小妮子”。以上这些常见用法都为网络语言中的“××子”用法做了铺垫，但是其真正来源是网络饭圈文化，更重要的是受了日语的影响。

“××子”格式首先在饭圈中出现，用于明星的爱称或昵称，这明显是受到了日本女性名字的影响。日本女性的名字末尾常常会有一个“子”字，如“洋子”“智子”“美子”“菜菜子”等，这样的名字听起来十分可爱，因此就被粉丝广泛借用，一般是选择明星名字中的一个字进行叠字再加上“子”，以此来表示亲昵和喜爱。

与这种格式类似的还有之前流行的"××酱"，"××酱"也是饭圈文化受到了日本文化的影响而逐渐扩大使用范围的。"酱"源自日语的"ちゃん"（罗马音念chan，音译为"酱"），日语中一般在称呼亲密的人时，会在除了姓之外的名后面加这个"酱"的后缀。粉丝对喜爱的偶像也可以称"酱"，如粉丝称呼乒乓球明星福原爱为"爱酱"。现在网络中"××酱"称呼来源于此，其称呼对象往往有可爱、亲昵的感觉。

"××子"与"××酱"之间的区别有很多。"××子"一般使用名字中某个字进行叠字，常用于名人尤其是明星的称呼，比如用"敏敏子"称呼刘敏涛。而"××酱"的用法更加广泛，不局限于名字的叠字：在名字后面直接加"酱"，用于亲密的人之间；在亲人的称呼后面也可以加"酱"，显得更亲切；另外自称"酱"主要用于网名，如网络红人"papi酱"，这样的表达会显得更加亲切、可爱。通过对比可以看出，"子"和"酱"都含有可爱的意味，但"××酱"的表达会更加私人化，而"××子"的表达就比较公开。

从饭圈用语到全网流行，网络的发展使得某一言语社团中的语言变异快速地扩散，进而不断丰富我们的语言。不知"××子"这种可可爱爱的称呼有没有影响到你呢？

“空耳”是空空的耳朵吗

陈贝宁

“空耳”一词流行已久，但就字面来说令人费解，是指空空的耳朵吗？当然不是。

先举个空耳的例子来解释一下。日本动画《火影忍者》有一句台词“痛を感じろ”，意思是“感受痛苦吧”，而这句话的读音和汉语“一袋米能扛几楼”非常相近，就产生了“一袋米能扛几楼”这个“空耳”。

由此可见，空耳是一种谐音现象，“痛を感じろ”和“一袋米能扛几楼”之间是语音相似的关系。此外，空耳创作的是符合目标语言语法规则的句子，但是意思和原文无关。“一袋米能扛几楼”是符合汉语规则的，但意思和原文“感受痛苦吧”毫无关联。因此，“空耳”现象在产生之初也被称为“爆笑谐音梗”。

“空耳”是一个外来词，源自日语。在日语中该词汉字写法与中文相同，训读为“そらみみ”（soramimi），就构词法来说属于偏正式。“空”在日语中是“无实质内容，不符合事实”的意思，“耳”指的是“听辨能力”。“空耳”在没有成为流行词之前，本义是“幻听”，即“听到了并没有的声音”，后来引申为对歌词和台词进行谐音性的再创造。空耳现象主要出现在影视作品的弹幕区以及音乐软件评论区。

比较典型的空耳是基于外语台词或者歌词创作的，通过巧合性或者语境的差异产生幽默感。利用巧合的空耳，如日本动画《在下坂本，有何贵干》主题曲，其中有一句“华丽にステップ茨のroad（荆棘道路华丽舞动）”，被听成了“可惜你帅不过坂本大佬”。虽然空耳的含义和原句完全不相干，但是恰巧和动漫的主题契合了。利用语境差异的，如日本动画《鬼灭之刃》主题曲，其中有一句日语原文是“僕を連れて、進め（带上我前进吧）”，变成了空耳“不过我，煮了袋，素素面”，其余歌词都是热血战斗的内容，而到了这一句却莫名和食物相关，由此产生了搞笑的效果。

在汉语内部也可以进行空耳创作。第一类是利用汉语中的谐音，如周杰伦歌词“故事的小黄花，出生的那年就飘着”，其空耳是“故事的小黄瓜，出生的那年就泡着”。利用的原理是“花”和“瓜”、“飘”和“泡”发音相近。还有李荣浩《李白》中的“要是能重来，我要选李白”，其空耳是“钥匙能冲奶，我要学李白”。其实，日常生活中也有这样听岔音的好玩例子，比如把“我想去烫头”听成“我想去看猴”。第二类是利用汉语方言的不同语音对应。汉语许多方言和普通话之间差距较大，比较有代表性的是粤语歌词，如歌曲《光辉岁月》中的“仿佛带点唏嘘”，“唏嘘”变成空耳就是“黑灰”。

“空耳”从“幻听”的本义引申为“对歌词和台词进行谐音再创造”后，还产生了一些相关的用法。比如“空耳十级”，用来形容空耳创作的读音和原句发音相似度很高。“被空耳毁掉的歌曲”，这类歌曲通常整首都能够进行空耳创作，“毁掉”在这里用来吸引眼球并且表达无可奈何的心情。还有“空耳造成的社死现场”“生活中的空耳经历”等，用来指生活中的“误听”现象，只要是因谐音而搞笑的词句，都可以称为“空耳”。

由此可见，“空耳”可不是“空空的耳朵”这么简单，其背后有音义辗转相生的复杂内涵，通过空耳现象也能促进对于其他语言和方言的了解。

“中二病”是什么病

吕依瑶

“中二病”最早出自日本广播节目《伊集院光·深夜的马鹿力》，主持人说：“我刚刚得了中二病。”此词语便逐渐流传开来。顾名思义，“中二病”可以简单地理解为青少年在初中（日本称为“国中”）二年级发作的疾病。因为青少年在那一段时间形成了模糊的世界观，同时在心中构建起了自我认同的形象——自己是“和别人不同的人”，“不再是一个孩子，也不是一个平庸的大人”；别人是“随波逐流的乌合之众”，是“永远无法理解我的人”；世界可能正“遭受着黑暗势力的威胁”，需要“与常人不一样的我去拯救”……于是这群“中二病患者”常常会有些令人“不明觉厉”的言行，在此略摘几条：

开始思考世俗和高深的问题，并暗自得意自己哲学王的身份；

开始听古典音乐，并瞧不起听流行音乐的同龄人；

明明没有被朋友背叛过，却痛心疾首地说友情是虚假的；

虽然不明白尼采、康德等人说的是什么意思，但很喜欢故作高深地引用他们的话，觉得自己说出“查拉图斯特拉如是说”的时候酷毙了……

他们大都很有个性并且热衷于表现自己，然而这些想法和言行在常人看来却难以理解。所以很多人都会觉得这不过是一群假装成熟、愤世嫉俗，但其实很幼稚的小孩子，并将他们归入“病号”。

如果将“中二病”这一偏正结构进行拆分，我们可以看出它是由定语“中二”和中心词“病”两个部分构成。“中二”在这里采用了以典型部分代替整体的借代修辞：“中二病”的高发人群往往是十几岁的青少年，因此以不上不下的“初中二年级”来借代整个发病期。这种以简代繁的构词方式，方便了该词在网络文化中的传播使用，还因此衍生出了同系列的病名“高二病”“大二病”“研二病”等等，分别用以指代人们在不同年龄阶段的“病态”表现。

至于它为什么是一种病呢？我们可以先看看“病”的定义：在生理或心理上发生的不正常的状态。因为“中二病患者”往往会表现出某些病态自我意识，这在“非中二”群体看来是很滑稽的甚至扭曲的精神状态，于是就把这一种精神状态比喻为“病”。需要注意的是，虽然称为“病”，但严格来说并不属于医学概念上的“疾病”，称为“症”或“症状”更合适些。也是出于这个原因，如今大家在使用时也常会去掉“病”这个容易引发贬义化解读的后缀，直接将“中二”作为一个中性的形容词，用来形容那些类似的性格特征。

从“中二病”的起源来看，它在大多数语境下都不可避免地带有贬斥的感情色彩。最早也是他人对青少年过于自以为是的独特言行的戏谑称谓，但后来随着使用范围越来越广，“中二病”作为一种常常出现在文学、影视作品中的人设属性，逐渐剥离了贬义。作者会有意让这些角色用他们的独特言行让故事更加幽默，往往让人忍俊不禁，“中二病”也因此具有了独特的可爱之处，颇受特定群体的喜欢。

“你又犯中二病啦？”“你的回复也太中二了吧。”“中二病永远不毕业！”网友们为自己年少时期的种种迷惑行为找到了病因，并开始怀念那个自我意识过盛、狂妄又不谙世事的自己。毕竟，“人不中二枉少年”啊。

“中二”虽然被称作“病”，但请别担心，多数的“中二病患者”都会因青涩的流逝而自我痊愈，变得冷静，变得成熟，最后不动声色地变成真正的大人。

这是什么“控”

王　楠

“控”在汉语中早已有之，它的本义为“拉开弓弦”，又引申出“控告、控制”等义。“控”作为语素存在于众多合成词之中，以“控制”这一意义为例，常用的“监控”“管控”，经济领域的“宏观调控”“微观调控”，电子技术中的“程控”，以及网络新词“场控”等，此类词语不胜枚举。

而在以下用法中，“控”又具有了新的语义：

这里是抹茶控的天堂。

作为潮流控，这双高跟鞋绝对是必备品。

每天一部电影，我们都是电影控。

这种“××控”代表的是“极度喜欢某些事物的一类人”，“控”的意义明显发生了改变。这个“控”来源于日语“コン”的音译，而“コン”则是取英文单词“complex”的片假名拼写“コンプレックス”的前两个音节，所以“控”其实是英语“complex”中“com”的间接音译。“complex”在心理学中解释为个人无意识中的情感、记忆、愿望等的组合，中文译为“情结”，即“深藏心底的情感”。所以“控”在最初的使用中更多表示一种发自内心的冲动及欲望，而且因为它是随着二次元文化传入中国的，所以早期的词语多与动漫人物有关，喜欢有猫耳的动漫角色的“猫耳控”、喜欢可爱小女孩的“萝莉控”等等，“控”在这里表示喜欢某些类型角色的动漫迷。

在网络传播中，“控”被引入更多领域，意义也产生了泛化与虚化，逐渐抽象为“极度喜欢某事物的人”。在此意义上，“控”的造词能力提升，一大批新词也被人们使用。美食爱好者们提出“抹茶控”“巧克力控”，甚至爱吃米饭的人也可以宣称自己是“米饭控”，热衷娱乐生活的“剧控”“音乐控”，以及生活中的“电子控”“技术控”等。可以看到，“控”的使用范围大大扩展，意义虚化后具有了类词缀的性质。

汉语中的“癖”和“迷”也能表达非常喜欢某事物的含义，却并不像“控”一样流行。尽管也有“收藏癖”这样的中性词，更多“××癖”的词却带有贬义色彩。喜欢萝莉角色的宅男们绝对不愿自己被叫作“萝莉癖”，因为这很容易让人联想到病态的“恋童癖”。而“迷”的使用范围则更小一些，一般用来描述日常的兴趣爱好，比如“歌迷”“球迷”等。“控”几乎不具有贬义色彩，反而略带自豪之情，“××控”的使用也迎合了现代人们追求个性化的思想，任何人都可以为自己贴上一个有特色的标签，彰显自我。

随着“控”被广泛使用，它也衍生出了动词用法，义为“非常喜爱”，例如“她很控编织类的饰品”“你控不控大叔”，这种用法更符合传统的汉语习惯。实际上，“控”本身的汉语意义也影响着“××控”的意义——喜爱某样东西不也意味着被它所控制吗？最典型的就是“手机控”，每时每刻离不开手机的我们又何尝不是被手机“控制”了生活呢?

从小众文化圈到网络流行语,再由网络语言走进人们的生活口语,以“控”为后缀的一系列新词早已被人们熟知熟用。但是也要提醒大家,在追求自己所好的同时,也要警惕不要过度沉迷,反被事物所“控”。

从“瑞思拜”“骚凹瑞”看网络特殊音译

高宇珊

“我真的瑞思拜”“骚凹瑞，小丑竟是我自己”……对近期网络流行语不太熟悉的人，乍一听“瑞思拜”“骚凹瑞”，可能如坠云里雾里，不知对方之所云。那么，“瑞思拜”“骚凹瑞”到底是什么是意思呢？

“瑞思拜”是英语respect的音译，表示惊叹、佩服。它源自说唱选秀节目，因其在说唱中的频繁出现和本身的幽默有趣，从综艺节目中流行开来，渐渐进入大众话语体系，例如：“这张设计图的构思，是我要学习的，瑞思拜！”

“骚凹瑞”是英语sorry的音译，是“抱歉”的意思。在具体使用中，它常带有调侃意味，如：“他说香菜十分美味，骚凹瑞，我get不了。”

像“瑞思拜”“骚凹瑞”这样音译自英语的网络流行语，体现了一种特殊的引进外来词的方法，即对已有汉语意译的外语词再次进行特殊音译，从而产生一种搞笑滑稽的语用效果。这是网络语言中一种普遍存在的现象，类似的词还有“趴体（party）”“奶

思（nice）”“北鼻（baby）”“抓马（drama）”“歪瑞古德（very good）”等。历年来的网络流行语，也有不少是通过这种方式构造的，如“嗨皮（happy）”“茶包（trouble）”“三克油（thank you）”“伐木累（family）”“狗带（go die）”“亦可赛艇（exciting）”等等。这类特殊音译的网络词语不仅有英语词，还有日语词、韩语词等其他外语词，如“纳尼（日语なに，网友用它来表示好奇、疑问或愤怒）”“欧巴（韩语오빠，女性对略年长男性的称呼）”等。

作为一种外来词，“瑞思拜”“骚凹瑞”等词具有音译词的一般特点，它们连音带义都吸收自外语词。在音译的过程中，服从于汉语的语音规则，都是用汉语中已有的读音去模拟外语词的发音，用读音相同或相近的汉字来直接译写外语词。但是，作为已经有了意译词以后的一种网络特殊翻译，“瑞思拜”“骚凹瑞”等词也有自己的特殊之处，它们的“个性”主要表现为：引入一些和原来外语词义不相关的特殊语素，带来一些有趣的联想，造成意义反差，从而产生搞笑的效果。比如，将sorry音译成“骚凹瑞”，将baby译成“北鼻”，将very good译成“歪瑞古德”，是一些与原义“抱歉”“婴儿”“非常好”毫不相关的、无逻辑甚至很古怪的语素组合，给人以一种滑稽幽默的感受。一些网络音译词则有一定的字面意义，如“茶包（trouble）”“亦可赛艇（exciting）”等，由于汉字不仅表音而且表意，我们总会探求记录外语词读音的文字组合本身的意义，而这些文字组合的意义却和外语词的意义毫不相关，而且常常荒谬滑稽。如“伐木累（family）”，字面意义是砍伐木头很累，和原义

"家"带有的温馨意义形成了意义反差。再如"抓马 (drama) ",让人联想到奋力抓捕一匹奔马的滑稽画面。这些有滑稽字面意义的网络音译词,因其幽默色彩而受到网友们的欢迎,得到广泛使用。

每年的网络流行语大舞台上,都会活跃着一些由这类网络特殊音译产生的"谐音梗",它们风趣幽默,让网络语言环境变得活泼,也让笔者对网友们丰富的想象力和创造力由衷地"瑞思拜"!

自带特效的“奥利给”

盛雨婷

“我们遇到什么困难都不要怕，微笑着面对它。消除恐惧的最好办法就是面对恐惧！坚持，才是胜利！加油！奥利给！”

“奥利给”这个怪词莫名其妙地一夜走红了，你知道它的来源和含义吗？网上有一种说法，认为该词最初出现于20世纪90年代游戏厅里的格斗游戏中，是伴随游戏人物打出大招“升龙拳”时的叫喊声，一招制敌的同时这一声“奥利给”的日语发音十分霸气，给人留下了深刻印象。

2019年，一位网红大叔在发表正能量语录短视频时，总是在结尾加上“加油！奥利给！”的口号，不经意间就使“奥利给”复活了。许多网友将大叔短视频里所有的“奥利给”时刻进行剪辑，配上搞怪的音效和魔性的动画效果，制作成各种视频作品，在各大网络平台都达到了千万次的播放量，二次传播使“奥利给”爆红网络。

在“奥利给”风靡之后，有人又给出了新的解读方式，把它处理为“给力嗷”的倒序读法，表达的含义与“给力”相似，有厉害、赞美、肯定之义，如“老铁，非常奥利给啊”“回顾2019年那些‘奥力给’时刻”等。

相信很多人小时候都玩过“正话倒说”的游戏，这里的正话倒说并非指“反语”修辞，而是单纯地把一个词倒着念、把一句话倒着说，所形成的词句往往毫无逻辑与意义，也因此可以锻炼人的专注力与反应能力。直到现在，网络上还流行着“都9102年了”一类的倒序表达，似乎可以看作儿时语言游戏的延续，其作用是加强夸张语气，突出强调所要表达的对象。在这个意义上，我们说“奥利给”比“给力嗷”的感情色彩更为强烈。

“奥利给”的另一个用法是表达加油、打气之义，可替换“加油”一词，也可与其连用。如：“今天不复习完不睡觉！奥利给！”“还有三十天就发工资了，坚持，加油！奥利给！”相比“加油”这个常用词语，“奥利给”一出场仿佛自带音效，极强的感染力使人看到这个词便仿佛看到说话者声情并茂的模样。

此外，“奥利给”甚至可以连“给力”“加油”的意思也不用表达，在魔性的正能量语录视频中，作为一个没有实际含义的感叹词，它随时可以出现。在刚躺下入睡的时刻、早晨睁开眼睛的时刻，“奥利给”就这样飘到了耳边……有网友评论：“最恐怖的是你不知道啥时候你自己也会中毒，可能一个不经意间就会大吼一声‘奥利给’。”

从专属短视频用户的狂欢，到蔓延至全体网民的“奥利给”，所体现的是“土味文化”的潮流。当一个沧桑大叔出现在手机屏幕上，千遍万遍重复着正能量语句，附上一句雷打不动的“加油！奥利给！”，真诚也好，作秀也罢，这样口号式的心灵鸡汤实在是拥有强大的感染力，让你一不留神就记住了它，一不小心就用上了它。

"奥利给"的流行也是当下求新求异风气的体现，当"奥利给"和"加油""给力"共同存在时，爱玩梗的网友们没有理由拒绝前者，使用新潮词语也让使用者变得新潮起来。

像"奥利给"这样的流行词还有很多，有些来得快去得也快，网民用之即弃，毫不留恋；而另一些或许会从网络用语变成生活用语，渗入到每个人的日常语言之中。如果网络流行词自带正能量，那么即使它含有一些无厘头或者夸张的成分，只要能够成为一代人在某个时期温馨愉快的共同记忆，也算有存在的合理性了。

“你火星了”，快来救援

熊梓希

“你火星了”是什么意思？一个星球的名字怎么可以加“了”？原来在网络语言里，“你火星了”意思就是“你在火星吧，这你都不知道”，说的是这个人没有跟上潮流，对大家习以为常的事感到陌生。那么，这么奇怪的用法，究竟是怎么火起来的呢？

“火星”一词在网上的传播早就开始了，二十年前80后一代人流行写“火星文”，比如“涐不啈湢”（我不幸福），就是用大家看不懂的怪字显得自己十分新潮。后来，又有了一个“火星人”，指的是一个人在火星生存，不食人间烟火，与地球隔绝了。久而久之，“火星”就产生了新的含义，义为“落伍的”“过时的”，变得像一个形容词了。

为什么用“火星”来表示这种含义呢？或许是来源于周星驰的电影《少林足球》，里面有一句经典台词：“地球太危险了，你还是回火星去吧！”嘲讽对方就像火星人一样，什么都不知道。后来，“火星”还产生了一个衍生梗——“火星救援”，来源于电影《火星救援》，而这跟电影的内容无关，单纯是电影名字的解释，表示“你在火星太久了，知道的东西太旧了，我们要救你一把”。接下来又有了不少衍生梗，比如“火星就算了，救不了了”（表述对方太落伍实在没法教了)，“冥王星救援”(比火星还遥远，更加落伍的意思)……

网络语言中，类似表示“你已经过时”这种含义的梗还有很多，比如“大清亡了”(某电视剧中雍正穿越到现代后不知道清朝已经灭亡，完全跟不上时代)，“致远星战况如何了”(游戏衍生梗，其实这一场战争早就发生过)。还有用早就发生过的事来表示这种含义，比如一个人对一件众所周知的事感到疑惑不解时，网友会使用“北京申奥成功了”“秦始皇登基了”“第一颗原子弹爆炸了”“3G网通了”等等来表示“你说的这件事早就已经发生了”，这些都是相同含义，可以互相替换。

当一个人提出一个傻傻问题的时候，大家心里肯定会想:“这个人怎么连这个也不知道?”但直截了当地指出对方浅薄无知实在太不礼貌，“你火星了”系列梗可以登场缓解尴尬。提问者会心一笑，就会自觉去网上寻求答案；回复者也没必要耐心解释一遍，也能让那位“火星人”重新又赶上了潮流，岂不美哉。网上大量新鲜信息充斥，一部分人不能很好地理解，他们并非跟不上潮流，而是缺乏机遇去了解在别处已经流传甚广的事。对于这些不知情者的提问，“你火星了”就成为一个善意的提醒。

值得注意的是，有的人使用这个梗却不是出于善意，他们用“你火星了”来提升自己的身价，用一种高高在上的态度去显摆自己见多识广，这种带有恶意的用法当然是不可取的。

所以，现在你该明白了，如果一不小心做了“火星人”，那么就赶快开展“火星救援”，去恶补一下相关资讯吧!

说Q

徐瑞

Q是一个有趣的字母，源自最早的腓尼基语和希伯来语的象形文字，它长着一个小尾巴，活像一只可爱的小猴子。字母Q源自西洋，看似与方方正正的汉字格格不入，但早已融入汉语的日常使用中。比如，每当认识新朋友你常会来上一句“我加你的QQ吧”，每当吃到有嚼头的食物你也许会赞叹一句“味道好Q”。它已经活跃在了汉语长河中，看似不知不觉却实实在在地影响着我们的语言生活。

字母Q参与着我们多滋多味的饮食活动，它可以被用来描述像麻糬一样有嚼劲的食物。追根溯源，这样的用法来自宝岛台湾。台湾话较早吸纳了字母Q，用Q来表示食物的筋道与弹性。而随着两岸交流的日益密切，这一用法也已进入到了普通话中，我们随手拿起一包果味橡皮糖，“QQ糖”几个大字就赫然印在包装纸上。

可是台湾话为什么偏偏选择字母Q，而不是其他字母呢？原来，台湾闽南语中有一个口语词，读音非常接近英语字母Q的发音，表示事物有嚼劲。这个口语词的本字已经不可查考。董忠司先生在《台湾闽南语辞典》（五南图书出版有限公司2001年版）中采用一个从“食”“丘”声的新造方言字“䬨”来记录它。但是老百姓可不会使用这么文绉绉的字眼，所以他们直接就把发音极为类似的英语字母Q借来使用啦!

无独有偶,台湾闽南语中还有一个读音类似英语Q的口语词,用来表示“卷曲、卷缩”的意思,它的方言本字也有争议,王壬辰先生在《台语字汇》(万人出版社有限公司2000年版)中认为是“虬”字。虬本来是一种龙,因其弯曲的形状而引申为“卷曲”的意思。这个虬字不为老百姓所熟知,所以为了简便起见,索性也用读音类似的字母Q来代替啦!比如,闽南语说某人“Q毛”,意思就是说他毛发卷曲。

这样一来,字母Q就身兼两职了,既可以形容有嚼劲,又可以形容形状卷曲,这两个意思在形容泡面时达到了完美统一。我们说“这面条好Q”,既是在形容它有嚼劲又是在说明它形状卷曲有弹性。于是,字母Q便以总代理的身份,携着双重意义存在于汉语饮食语库中。

字母Q的神通还不限于此,我们看到萌物时会大呼“好Q啊”,这种用Q表示“可爱”的用法同样源自台湾。看看身边的Q版公仔、QQ汽车、腾讯QQ,你就会意识到用Q形容可爱事物是多么常见。在这里,字母Q同样起到了记音作用,但是它记录的不是闽南方言,而是英语读音。英语中有一个单词cute,表示“可爱”之意,它的发音紧缩后也类似于字母Q的发音,人们就索性用Q来替代了。这个用法也很快进入普通话,可爱的Q屡见不鲜,两个知名现代产品就是最好的例子:奇瑞公司推出的迷你汽车,由于外形十分可爱、色彩鲜亮,硕大的车灯好似一双大眼睛,于是命名为QQ汽车;腾讯公司的即时通信工具本不叫QQ, 而是模仿国际聊天工具ICQ (I seek you) 并前加字母O命名为OICQ (opening I seek you) 。后来它却被指侵权ICQ, 恰好可爱的企鹅形象始终不变, 受到Q表可爱意义的影响, 马化腾先生急中生智将其改名为QQ, 从此备受青睐。

开放的语言系统使得语言都无法自生自灭, 特别是如今全球化背景下, 语言彼此的交流借鉴更加频繁。我们由此不仅认识到了有嚼劲的Q、卷曲的Q和可爱的Q, 更看到了一座座架设在文化之间的沟通之桥。

DNA动了

柴徐顺烨

当你在弹幕、评论中读到“DNA动了”的时候，你是否感到疑惑：DNA真的会动吗？

DNA，中文名“脱氧核糖核酸”，是携带有生物体繁衍所必需的遗传信息的生物大分子。从生物学角度来看，DNA在进行复制、解旋等活动时的确处于一个运动的状态，但我们在网络以及日常生活中所见到的“DNA动了”，并不是生物学角度的“DNA动了”。

实际上，网络语言中所谓的“DNA动了”，是指某一段刻骨铭心的记忆因为某个外界刺激而被激活。这种外部刺激可以是某个画面、某段音乐甚至是一句话，比如当我们听到“葫芦娃，葫芦娃，一根藤上七朵花”的熟悉旋律，就会引发对于动画片《葫芦兄弟》的童年回忆，这时就可以说“DNA动了”。由于DNA具有携带遗传信息的功能，是生理层面最基础的存在，而刻骨铭心的记忆也是心理层面最深处的存在，二者就有了一定程度上的相似性，所以“记忆被唤醒”也就被隐喻为“DNA动了”，这实际上形成了一种比“条件反射”强度更大的心理唤醒方式。

“DNA动了”这种表达方式在各种语境下被广泛应用。

在网络中的用法首先体现在粉丝圈用语中，如追星、追剧等。

比如自己年少时很喜欢的一个偶像团体突然宣布回归，在听到那些熟悉的旋律时，不禁也想到了自己的青葱岁月，于是感慨“DNA动了”。而在看电视剧时，“DNA动了”主要出现在一些经典台词或是经典画面的评论中。

在日常生活运用中，“DNA动了”也有广泛的使用，比如在学习方面可以用“DNA动了”来表示一种知识融会贯通的状态，可以体现在一门学科不同内容的交汇，也可以体现在不同学科的交叉中。以“张力”为例：在物理学中指“物体受到拉力作用时，存在于其内部而垂直于两邻部分接触面上的相互牵引力”；在哲学中指“矛盾或不相容”；在文学中指“作者对文章的情节内容掌握的力度，就像弓的开合”。而这些对于“张力”的理解实则都是在自己的脑海深处，所以一见到这个名词，便会自然而然地“DNA一动”产生联想。

除了上述这些用法，“DNA动了”还衍生出了一个特别的用法：DNA作为一种携带遗传信息的生物大分子，也被借用成为性格、习惯的标签。对于一个天生幽默风趣的人而言，在他做出一些搞笑好玩的事情时，我们就可以说：“他的喜剧人DNA动了。”这种用法和前述用法的不同之处在于，它不是一段记忆的激活，而是个体骨子里所带的特质在某一时刻得到了典型的表现。

综上可见，这种将严肃性的生物科学专有名词转化为网络用语的表达，具有很强的趣味性和生命力。改变自己生理上的“DNA”是困难的，但我们可以努力为自己合成一些正向积极的后天“DNA”，让它们在未来“动”的频率更高一些。

俗语俗言

由“背黑锅”到“我的锅”

余郎婷

“房价越调越高，这个锅谁来背？”“新生汇演搞砸了，好吧，这是我的锅。”“曼联连败，穆里尼奥疯狂甩锅：先怪鲁尼博巴又赖范加。”……最近大家经常说“背锅”“甩锅”“谁的锅”，这里的“锅”显然已经不是指一种炊具，结合语境来看，“锅”产生了一种新的含义，即“过错”“责任”。为什么“锅”会有这样的变化？又有哪些动词能和现在的“锅”搭配呢？

用“锅”来表达“罪责”，也许会让你第一时间想到一个惯用语——“背黑锅”，事实上，“锅”的新用法还真和“背黑锅”有渊源。“背黑锅”这种说法很早就在民间流传，根据《汉语大词典》的解释，“背黑锅”比喻蒙受冤屈或代人受过。“黑锅”是人们生活中常见的一种被火熏得十分难看的烹饪工具，当我们“代人受过”的时候，由于“锅”谐音“过”，那种“忍辱负重”的感觉，就好像自己身上背了一口“黑锅”一样。通过这种形象恰当的比喻，人们心理上那种“代人受过”的抽象的“负辱感”被具体化了，“背黑锅”作为惯用语表达“代人受过”的意思也就一直流传至今。

但是“背黑锅”是一个固定词组，它的意思具有整体性，“锅”只有用在这个惯用语里才有一种“负担”“罪责”的比喻义，日常生活中你只说一个“锅”，人们还是会认为你说的是一件“炊具”。可是在网络流行语中，“锅”单用也能表达“负担”“罪责”的意思了，这样的变化是怎么发生的呢？

其实，“背黑锅”作为惯用语也不是完全不能分离的，它在口语中的使用还是具有相当大的灵活性，可以拆开使用。比如：

我愿意背这个黑锅，我不在乎这个，咱们心里明白算了。（刘知侠《铁道游击队》）

既不沾亲，又不欠情，你何苦替她背着黑锅呢？（老舍《四世同堂》）

同时，受到汉语词语双音化趋势的影响，我们在一些场合将“背黑锅”简称为“背锅”，也可以清楚地表达我们的意思。如：

遇到爱让员工背锅的老板怎么办？

被采访者想用亲身经历告诉大家，不要轻易帮上司背锅。

而当“背黑锅/背锅”进入网络世界后，它的“蜕变”就一发不可收了。最先大肆使用这个词的是网络游戏圈，在网络游戏中常常有多名玩家一起做任务的情况，任务失败之后自然会追究是谁的责任，这时人们就借用了“背黑锅/背锅”的意思，问道：“这个锅谁来背？”相当于说：“这个责任谁来承担？”这时由于“黑”这个语素的缺失，“锅”的比喻义更趋向于一般化的责任，“代人受过”的含义有所减轻。之后，由于网络表达求新求异，言简意赅的方法很受人欢迎，“这个锅你们谁来背”的说法逐渐简化成“这是谁的锅”，并由此发展出“我的锅”“你的锅”之类的说法，这时“锅”就用来比喻一般意义上的"责任""后果"了。此外,"锅"与"过"有一定的谐音关系,在这个语义转化过程中也起到了推波助澜的作用。

既然"锅"独立出来了,人们就开始发挥创造力,将和"锅"搭配的动词进行替换。最开始这样的替换也源于网络游戏圈,游戏中如果任务失败而失误不是由于自己而是由于其他人,玩家就把这一局称为"甩锅局",也就是说:这个过错不是我犯的,承担后果的责任甩给别人了,后来流传到网络,"甩锅"多指不负责、推卸责任的态度。此外还有"揽锅",指总是找自己的原因,总认为自己不对,主动给自己"揽"责任的行为。还有"躲锅",指那些躲避追责、逃避责任的行为。

总结"锅"的变化历程,我们看到,最初"背黑锅"作为民间惯用语在口语中发生了一些微小的变化,之后在网络游戏圈中发展为一种"社会方言"(类似于网络黑话),"我的锅""甩锅"成为专门的游戏隐语。但由于"锅"本身由民间惯用语演化而来,排他性不那么强烈,"锅"便冲破了游戏的圈子,逐渐被更广大的网民熟知,含义也显得更加泛化了。

由"背黑锅"到"背锅""甩锅""我的锅","锅"的各种"花式"用法的背后体现的是民间口语的力量,以及特殊社会群体对于语言的影响。归根结底,人是使用语言的主体,就是在你我平常的言语交流之中,变化已经悄然发生……

可爱的“憨憨”

吕依瑶

在与别人聊天时，如果收到一条信息“你真是个憨憨”，你是否会觉得纳闷，好好聊着天怎么突然间说我笨呢？如果你也曾经收到过类似的回复，先别急着与对方辩论个三百回合，因为他可能是在夸你可爱呢。

近些年来，“憨”这个词由于高频使用而成为网络热词，多形容一个人过分天真老实，虽也保留了呆笨的含义，但不是带有侮辱性的贬义词。这是和汉语中“憨”的语义演变一脉相承的。关于“憨”的释义最早可见于六朝的《玉篇》，顾野王将“憨”解释为“愚也，痴也”，如“文举傲诞以速诛，正平狂憨以致戮”（《文心雕龙·程器》）中的“憨”就是“痴傻”的意思，这也是古代文献中“憨”字的主要含义。到了现代汉语中，“憨”由“痴呆、傻”的意思引申出了“朴实、天真、可爱”的意思，如“憨直”“憨厚”“憨态可掬”的用法就是此意。家喻户晓的情景喜剧*Mr. Bean*的中文译名是《憨豆先生》，而不是直译的豆豆先生，这就在译名上将主人公耿直可爱的形象展现得淋漓尽致。

从另一方面来说，“憨”也属于方言词汇，在全国大部分地区都有使用。如西南地区的“憨包”，北京、山东等地的“憨蛋”，河南地区的“憨子”都是差不多的意思：骂一个人蠢笨犯傻。值得一提的是，“憨”在北京方言中还有“粗大而结实”的意思，如“这铁棍一尺半长啊，手指头那么憨”（《北京话词语》），但除此之外我们可以看出“憨”的用法及含义都是比较固定的。“憨憨”也是“憨”方言家族中的重要成员，在大多时候都是用于日常生活与亲朋好友的对话当中，可能由于叠音往往表示亲昵的关系，其侮辱性含义消失了，主要用于形容对方憨厚老实。有时用于长辈训斥晚辈的场合，多指人做事过于鲁莽或小孩玩闹得没了分寸。

有趣的是，“憨憨”与“铁”搭配使用时，又产生了新的化学反应。在“铁憨憨”一词中，“铁”是形容词，本义是“坚硬、顽固”的意思。“铁”的加盟进一步描述了“憨憨”的属性，表示这人憨傻可爱又很执着。二者的结合使“铁憨憨”一词增加了一丝调皮的气息，因此被更多人喜爱并使用，“憨憨”的影响力和使用人群也由此不断扩大。年轻的情侣之间更是乐此不疲地称对方或自称为“憨憨”“铁憨憨”，“憨憨”由此翻身，从“痴愚”成为“小可爱”，成为很多年轻人聊天时候经常出现的亲昵词语。

无独有偶，贬义词登堂入室成为亲昵词的不只是“憨憨”。小名“狗子”用于亲朋好友之间时表现出了亲切；长辈唤晚辈为“小兔崽子”是在表达宠爱；热恋中的情侣称对方“傻子”则表达出了彼此之间独一无二的爱。这些在熟悉的人之间用贬称来表示亲昵是一种常见的语言现象，在学界称为“贬词褒用”。通过贬词褒用，循规蹈矩的词语有了更出色的表现力，也让平淡无味的对话妙趣横生，余味无穷：

我对郭德纲这样的憨憨小可爱真的是完全没有抵抗力！

游戏打得这么烂，你真是个憨憨。

你个憨憨，在那儿笑什么呢？

大家在使用“憨憨”一词时多半为了表示调侃或亲昵，潜台词是“真是笨得可爱啊”。所以如果你在收到家人、朋友或恋人的“憨憨”后认真地与对方较起劲来，那反倒失去了“憨憨”带来的独特乐趣。

谁是你的“家人们”

陈子涵

当你打开社交软件准备分享自己生活之时，是否会因为不知道如何称呼互联网背后的众多网友而感到迟疑苦恼？此时，“家人们”三字便可帮你解决这个问题。

在《现代汉语词典》中，“家人”的释义为“一家的人”，只有当对方是和自己具有血亲关系的直系亲属时，我们才能如此称呼他们。而现在，当我们在网络上喊出“家人们”时，并不要求对方与自己具有任何血缘关系，更无论性别、辈分、年龄，只要彼此之间具有善意，似乎“四海之内皆家人”。

实际上，“家人们”的称谓一开始是被网络主播们用来称呼其粉丝们的。在他们看来，这样的称呼能够拉近与粉丝们的距离，方便自己获得打赏或者推销商品。经过网络的层层传播，“家人们”逐渐广泛使用于有着共同爱好、追求、经历的人群中。相同的志趣让他们认为彼此之间的关系非常紧密，互称“家人”便是建构这种团体认同感与凝聚力的极好方式。“家人们，我忍了一晚上没哭，听到这首歌我真忍不住了！”喜欢同一偶像的粉丝可以和“家人们”分享自己的喜怒悲欢；“家人们，画横线的这个概念怎么理解呀？”考试党遇到难题也愿意向“家人们”求助……

到了最近,“家人们”在网络交际中的使用更加普遍。“家人们,我破防了,今天中午切辣椒,辣到手了。”“家人们我最近染了个头,但是一直过敏,这种东西是有什么身体因素限制吗?”只要你关注说者所分享的内容,那么在说者口中,你便已经与他“亲似家人”了。

这样看来,我们的“亲戚”似乎一下子多了许多,实际上,这种用亲属称谓替代社会称谓的文化习惯,很早就存在于汉语之中了。想一下,当你遇见一个辈分比你高的男性时,你会不会顺口称他为“叔叔”呢?你的生活中也一定有其实没有亲属关系的“阿姨”“大哥”“大爷”们。这种亲属称谓泛化的现象,与我们民族对人伦亲情的重视有关:当我们以亲属称谓称呼对方时,彼此之间的关系便被拉近了,交往中也添了几分亲切感。

亲属称谓的泛化进入网络语言之中也并非仅“家人们”一例,“小姐姐”一词也是其中典型。随着社会的发展变化,“小姐”一词容易使人产生带有负面色彩的联想,而“女士”太过生疏,“美女”流于轻佻,对年轻女性的称谓语便出现了空白。“小姐姐”一词的出现,恰好弥补了对这类女性无词可称呼的尴尬,它并不需要对方年纪真的比自己大,只要符合了“年轻”“女性”的特征,便可被如此称之。而后,“小哥哥”的称谓也对应出现。“姐姐”“哥哥”二词的使用,能够给人带来亲密感;而前缀加“小”字,也使称谓更加轻松俏皮,同时避免了将对方叫老的风险。

将目光移回“家人们”,我们可以发现,相较于“大叔”“阿姨”“小姐姐”，“家人们”有着更广泛的指称性，它对听者的身份特征几乎没有任何规定，只要求一种情感上的联系，正好与互联网传播广、交际对象往往是群体而非个人的特点相契合。无论网线另一端的人是男是女、年长年少，以“家人”称之，都不会引起尴尬。同时，“家人”比叔、伯、姨等，在血缘上更加亲密，在长幼、男女的尊卑区分上又有所淡化，人与人之间的界限感便进一步消失，交流更加轻松自然。

语言是反映社会生活的一面镜子，从“家人们”这一称谓可以看到：一方面，我们民族对于人伦亲情的重视依然有所传承；而另一方面，当代青年对长幼尊卑、父系母系的认同逐渐被消磨。在互联网交际场中，人们更加青睐开放亲切、轻松自在的交际方式，“家人们”的小小称呼，或许会为网络社交增添一抹亮色。

姨母笑——我家小孩真可爱

邓丽娟

追星是现代年轻人重要娱乐方式之一，粉丝群体不断壮大，与之对应，粉圈文化也产生了大量流行词语，“姨母笑”就属于其中的一个典型。

“姨母笑”源自韩语이모미소，一开始是指阿姨辈的追星女性在看到偶像可爱瞬间时，眯着眼睛的慈祥笑容，带有对偶像的宠爱意味，也拉近了自己与偶像的距离。另外，“姨母笑”也会用于一些八卦的情境，比如看到偶像和另一位明星亲密互动，就会有自家的孩子终于有望找到对象的欣慰感，此时，“姨母笑”就会登场。粉丝在“姨母笑”时，总会产生自己就是偶像现实生活中的七大姑八大姨的错觉，感慨“我家小孩真可爱”。

但是，“姨母笑”中为何是“姨母”而不是“阿姨”“姑姑”“舅妈”等亲属称谓呢？可能关键在于粉丝如何看待自己与偶像的关系。大部分粉丝买偶像的代言产品或者为偶像打榜做数据，都是觉得自己在为偶像的事业发展贡献力量。这会使粉丝产生与偶像血脉相连的感觉，所以在粉丝看来，自己与偶像的关系是极其亲密的。在“姨母”“阿姨”“姑姑”“舅妈”几个称谓中，“姨母”脱颖而出就是因为其亲密性。妈妈在小孩成长过程中是八卦信息的主要输出者，而“姑姑”和“舅妈”一个是妈妈丈夫的姐妹，一个是妈妈兄弟的妻子，关系中隐含一位男性中间人，不够亲近。“阿姨”的称呼已经泛化，女性长辈都可以称为“阿姨”，没有那个热乎劲儿。“姨母”则不同，她是妈妈的姐妹，是和妈妈有直接血缘关系的人，看着孩子长大，更容易接受关于孩子的八卦倾诉，由此在一众称谓中冲出重围。至于为什么是“姨母”而不是更加常用的“姨妈”，这或许和“大姨妈”的隐指意义有关，为了避免一些不必要的联想，更常用的“姨妈”被弃用了。

随着粉圈的年轻化，年轻女孩也会调侃地使用这个词来形容自己的笑容，以此多维度地表达对偶像的爱。这就意味着，你即使只有十八岁，也可以对二三十岁的明星露出“姨母笑”。此时，“姨母笑”中“长辈”的语义就脱落了，更偏向于是像姨母那样慈祥的笑容。

更进一步，“姨母笑”不再局限于女性，男性也可以“姨母笑”。事实上，随着粉丝群体的壮大，男性粉丝的数量也很可观，所以一度出现过“姨父笑”这个词。但是，“姨父”给人的画面感显然没有“姨母”来得生动活泼，很难让人联想到宠爱感与八卦情境。毕竟在固有印象中，过年回家关心小孩婚恋状况的还是以七大姑八大姨为主。姨父作为年长的男性，天然地带有威严感。所以，“姨母笑”的用法还是占据了主流，男性粉丝也开始“姨母笑”。在这样的语境中，“姨母笑”中的“女性”指向也脱落了，“姨母笑”开始单纯指面对可爱瞬间或八卦场面的慈祥笑容。

有些人使用“姨母笑”可能只是单纯享受“我家小孩真可爱”的快乐，过过嘴瘾。而对于资深粉丝来说，“姨母笑”展现的是年轻一代渴望通过对偶像的“照顾”感受到心理上的长久陪伴。不过，无论是哪种，说话人都从中获得了满足感。

人生何处应“头铁”

曹 艺

乍一看“头铁”，像是“榆木脑袋”的进化版“铁脑袋”，但是它们的含义却有所不同。“榆木脑袋”形容一个人思想顽固或是不解风情，这个词语的意义已经被人们所熟知，但“头铁”的意义是什么呢？“头铁”最初活跃在游戏玩家中，形容某个玩家玩游戏比较拼命，一不靠走位二不靠操作，只知道一股劲儿往前冲。开始的时候，这是一个明显的贬义词，说好听了是“莽撞”，说不好听了是“傻”。也是，光看这两个字，“头像铁一样”，脑袋连个圈都不会转，能聪明到哪儿去？

但是，随着“头铁”一词脱离游戏圈，它在不同语境中的具体含义也在渐渐变化。下面我们就通过几个例子来分析“头铁”在使用过程中的几个主要意义倾向。

“疫情没结束就不戴口罩去撸串，你是不是头铁？”这句话中的“头铁”带有明显的贬义色彩，形容做事不带脑子，分不清轻重缓急。这个意思侧重于原词中“鲁莽”这一语义的发展。

“都把人家惹生气了还不道歉，你是真头铁还是假头铁？”这句话中的“头铁”侧重形容这个人的“倔”，带有贬义色彩，是一种不识好歹、自以为是的“倔”。

在一些场合，“头铁”也产生了褒义色彩的用法。比如：“别的平台都崩了，就他家还流畅，他们才是真头铁。”“疫情期间怕引起聚集性感染，影片说撤就撤，真是头铁。”这里的“头铁”形同有底气、有实力，倾向于“刚烈”这一语义表达。不过，目前褒义的运用还较为少见。

“头铁”一词用于自己身上，往往带有自嘲意味。“头铁的我没有复习就去期末考了”，“虽然肚子疼但我还是头铁地把冰淇淋吃完了”，这种“头铁”也是一种“倔强”，一般用于“虽然我知道后果但是我这么做就是开心”的语境。除了这一方面的自嘲用法，还可以说“本人头铁，考研不成功上岸绝不放弃”，“不到最后失败，我绝对不放弃，反正我头铁”。这里的“头铁”，不止是不撞南墙不回头，更带有直接将南墙撞碎的意味，强调的是一种一往无前的“倔强”。

在语义发展过程中，“头铁”不仅可以用于形容个人，也同样可以形容能够被赋予人格的事物，比如某个品牌、某个企业等。比如“疫情都发展成这样了还继续组织比赛，头铁还是你们头铁”，这里的“头铁”说的是主办方；“严查时期还继续制造假冒伪劣，怕不是真头铁”，这里的“头铁”嘲讽的是造假者。

从上面分析可以发现，“头铁”的用法越来越广泛，它的意义发展大体上仍然不脱离本义的几个要素，但是所包含的情感色彩各有不同，贬义的色彩在某些语境中逐渐淡化，更是衍生出了“铁头娃”这种略带亲昵的用法。

“头铁”的运用广泛，也可以证明涉及“倔强”“硬气”的情形在生活中出现的频率之高和情况之复杂。没有原则、不识好歹的“头铁”成为贬义，但坚定目标、一往无前的“头铁”也不应该被批判。何时该“头铁”，只有把握好尺度，才能更好地达成目标。

用“整活”整个活

吴佩瑶

“网友真会整活！”“起床，开始整活！”不知不觉，“整活”这个词已经渗透进我们的生活，而且应用的范围非常广泛。那么，它又是如何诞生并发生一系列演变的呢？

“整活”最早被直播平台上的东北主播作为开场白使用，通常表示主播要开始表演独特的才艺了。“整”是东北方言中常见的动词，因其用法宽泛，甚至被戏称“万物皆可整”，比如“整人”“整方案”“整事儿”“整几个菜”等等。“活”则有“绝活”的意味，指绝技、一般人办不到的事情。而事实上，主播们的“整活”通常是以低俗、夸张的表演引得观众发笑，这就使得这个词又有了哗众取宠的意思。东北方言的幽默风格再加上“整活”带来的感官刺激，使得这一词迅速流行起来。

随着时间的推移，“整活”不再仅限于低俗、谄媚的献艺，去除了哗众取宠的意味，只要内容能够超出大众预期、引起震惊，达到强烈的戏谑效果，都可称为“整活”。“整活”者的范围也从底层主播大大拓展了，谁都可以成为“整活”主体。比如“‘国家队’整活，演奏交响乐版的《射雕英雄传》主题曲，台下观众‘呼，哈’应和”，向来青睐高雅艺术的中国交响乐团竟然演奏了流行歌曲，台下的观众也一反沉默，发出了“呼，哈”的吼声，处处透露出不可思议，又处处使人获得精神上的愉悦感。

同时，“整活”又由“超出预期”而引申出“干一项大事”的意义。比如“暑假最后一天开始整活，一天写完作业”“明天整活，从青铜连胜上王者”等等。在第一个语境中，“整活”指在短短一天时间内写完作业这项庞大的任务，又因“暑假最后一天”而使得这项任务迫切、紧急。第二个语境中，游戏玩家从最低段位“青铜”升到最高段位“王者”本就不易达到，而“连胜”的限定则使得这项任务难上加难。在上述语境中，“整活”更像是一种“明知不可为而为之”的宣言，同时又因为目标与能力的差距较大而具有戏谑意味。

“整活”范围的扩大是因为语素“整”“活”本身都具有模糊性，“万物皆是活”“万物皆可整”，这样的组合使得“整活”可以代指很多动作。而“整活”一词的口语化表达，又预示着轻松、非正式的场合。在这样的双重作用下，“整活”自然会成为应用范围广泛的网络用语。

随着“整活”的广泛传播，它的感情色彩也发生分歧，逐渐发展为具有褒义色彩的“整好活”、具有贬义色彩的“整烂活”。“整好活”继承了原先“整活”的正面戏谑效果，指“整活”超出了大众的预期，并获得肯定。比如“官方终于调整了机制，使得玩法更合理了，整了个好活”，对于这样的举动，大众往往回应“好活当赏”。相比于“整好活”，“整烂活”的感情色彩则由正面的戏谑转向表示不满与反感，比如某漫画因令人大失所望的结尾而引发争议，其作者被观众怒斥“拆官配、写死主角，简直是在整烂活”。

纵观“整活”这一网络用语的流行过程，可以看出现今社会大众的生活态度：所有的参与者都可以尽情参与“整活”，打破人与人之间的等级差别。原本高高在上的群体可以俯就大众的审美趣味，而底层群众亦可以展现自己的价值。但同时也要警惕，“整活”并不代表无下限地博取他人的眼球，否则会成为遭人唾弃的“烂活”。

今天的你“整活”了吗？是否把别人整乐了？有没有因为让别人获得欢乐而感到满足呢？如果正准备“整个活”的话，切记要“整个好活”！

“排面”还是“牌面”？

沈可铁

近年来，“排面”这个词颇为流行，我们经常能在报刊标题或视频弹幕中看到这样的表达：

排面！各地以最高礼遇欢迎援鄂医疗队回家！

我的偶像必须拥有排面！

某网红座驾，竟有五台豪车和一架直升机，出门排面堪比迎亲！

那么这里的“排面”到底是指什么呢？

在网络用语中，“排面”指排场和体面，“摆排面”“有排面”都是在说一件事情应当被操作得大气体面。“排面”这个网络流行词源于“快手App”，很多主播通过直播视频的方式分享自己的生活和心情，受到了许多观众的喜爱。视频点赞数量不断攀升，“打赏”不断增加，被粉丝们称为“倍儿有排面”。网友们甚至还推出了“快手五大土豪排面排名”，纷纷为自己喜爱的“网红”主播摇旗助阵。

“排面”这个词最早其实可以追溯到民间俗语上，如“排面儿”其实是豫剧行话之一，义为全身装束打扮，类似于我们常说的“行头”。值得注意的是，“排面”这个被广泛使用的网络词语在《汉语大词典》中难觅其踪，因此恐怕不能算是规范化的书面词语，而被收入该词典的有关词目，是与它同音异字的“牌面”。那么“排面”和

“牌面”，究竟有何联系，又有何区别呢？

“排面”很有可能是对“牌面”的讹用。据《汉语方言大词典》记载，“牌面”过去是西南地区的官话，指人的仪表或排场。《汉语大词典》中也记载了“牌面”的义项，原指古代官吏、使节的一种身份凭证，因其状扁薄如牌，故称之，也有“招牌”“声望”的意思。因为使用环境的多样性，“牌面”的词义也产生了一定的分化。除了上述的义项，“牌面”也可以指打牌、打麻将摸到的牌的色面，继而引申为手里握有的资本和赢面。当下网络语境中，“牌面”和“排面”在多数情况下可以混用，但二者之间仍然存在一些细微的差别：“牌面”似乎更偏向于指事物的内在品质，如我们总是更习惯说“拎这个名牌包出门很有牌面”；而“排面”往往更偏重于数量和规模，如“去年的国庆阅兵仪式很有排面”，粉丝们在为喜欢的明星、主播应援的时候所喊的“某某必须拥有排面”，同样也是在依靠规模增加人气。

随着网络主播在各大平台不断走红，“排面”的呼声越发高涨，使用率已经远远超越了“牌面”这个老词。“排面”在用法上也有一定的特点，如“某某必须拥有排面！”有时可直接简省为“某某排面！”很多娱乐新闻也常在标题前加上“排面！”来达到“划重点”的效果，以期引起观众的注意。“排面”并不是现代汉语中的规范词语，却能在当下成为流行用语，足可见网络环境对语言词汇系统产生的影响。“排面”能否在将来进入现代汉语的规范词语行列，让我们拭目以待吧。

“干饭”与“干饭人”

吴思燕

近年来“干饭”一词风靡网络:

下课了,干饭去!

干饭人!干饭魂!

干啥啥不行,干饭第一名。

提到“干饭”,不少人可能会联想到“吃干(gān)饭”,“吃干饭”指的是只吃饭不干事,多用来形容无能无用的人。然而上面几句的“干”不读gān,“干饭”不是名词,并不指干的米饭,而是动词,意思是“吃饭”。

“干饭”表示吃饭,出自西南官话,是一个带有地域特色的方言用语。这里的“干”读gàn,是泛义动词,与“做”类似,具有替代其他实义动词的功能。泛义动词“干”有时可等同于“从事”“当”“工作”等,如“我是干会计的”“他干过厂长”“干活”等。有时也可以根据语境推导出“干”所替代的动词,“干饭”的“干”就是“吃”。

“干饭”一词的流行离不开其特殊的表达效果,而其表达效果源于“干”的读音及“干饭”的方言色彩。

“干饭”的“干”念去声,调型属于全降调。比起念阴平声的“吃”,去声的“干”显得更有气势,更能体现出人们对“吃饭”的热情，带有“一口气吃完”的豪爽感，而这种豪气干云的气势正是这个词语走红网络的重要原因。同时，“干饭”在使用中含有地域色彩，“干饭”对于方言区外的网民来说是比较陌生的，所以当网络上出现“干饭了，干饭了”“干饭去”等话语时，这一新奇的搭配迅速吸引了网友们的目光。

“干饭”的流行也催生了“干饭人”这一表达，如：“干饭人，干饭魂，干饭人干饭得用盆！”“××人”往往用于指某种身份或某种职业的人，如工人、军人、电影人等等。但“干饭人”并不代表从事某一职业的人，而仅指吃饭的人，这类人对吃饭充满热情，拥有豪迈的吃饭方式。“干饭人”表达的是人们对于吃饭的重视，但往往用来自嘲。“干啥啥不行，干饭第一名”这句，很好地展现了“干饭人”的自嘲精神。在快节奏工作的时代，无论从事什么职业的人，无论具有什么身份的人，都可以在吃饭时调侃自己“摇身一变干饭人”。

“干饭”和“干饭人”不仅活跃于网络空间，也进入了主流媒体的视野。2021年4月3日，人民网发布了一篇文章《“干饭人”的底气，都是TA给的！》，高度赞扬了我国粮食产业的迅猛发展，正是粮食产业的发展给了广大“干饭人”底气。近期，不少纸质媒体也用上了“干饭”和“干饭人”的表达，如《干饭人这份夏季饮食安全提示请收下》（《中国消费者报》2022年5月12日）、《5G干饭人广阔就业前景等你来》（《科技日报》2022年1月24日），又如《城市烟火气在复苏，“干饭”的快乐回来了》（《新华日报》2022年7月25日）。“民以食为天”，“干饭”和“干饭人”的新颖表达引起了大众的共鸣。

真香!

陆志成

“我才不会买这种华而不实的东西呢!……什么?这次促销降价这么多?买了买了,真香!”

不知从什么时候开始,“真香”逐渐流行起来,成为了我们生活中的常用语。从字面上看,“真香”不过是形容某个对象味道很香,但在网络传播中,“真香”已经俨然成为了一个新时代的新“典故”,并具有了新的意义和用法。

那么,“真香”典出何处呢?这还得从湖南卫视的节目《变形计》说起。在2014年的《变形计》第8季第3期中,来自城市的少年王境泽被安排交换到一个农村家庭体验不一样的生活。初到农村时,王境泽嫌弃那里条件不好,说“我王境泽就是饿死,死外边,从这里跳下去,也不会吃你们一点东西”,但仅仅几小时后,饿坏了的王境泽就大口吃起了饭,边吃边说“真香”。这一反差巨大的剧情一时传为笑谈。于是,网上的“吃瓜群众”便开始用这一事件中最为人所津津乐道的“真香”两字来概括这整个事件,进而又用“真香”来形容所有与此相似的情况,即:发誓不做某件事、不要某样东西却很快发现了那件事、那样东西的好处而改变想法,自我“打脸”。一个新时代的“典故”就这样诞生了。

在流行过程中,“真香”的句法功能也悄然发生了变化。本来,“真香”是程度副词“真”与形容词“香”的搭配,王境泽口中的“真香”是一个独立的二字感叹句,感叹他吃的饭香。网友们起初大体还是延续了这种用法,独立成句说“真香”或者说“×××真香”。但后来,奇怪的事情发生了——在网络传播中,逐渐出现了“我真香了”这样的说法,在这里,“真香”实际上被用作了一个动词,义为“本不想做这件事但现在(因为发现这件事的好处)改了主意”。

乍一看,这似乎完全是乱来,一个程度副词加一个形容词的组合,怎么能当动词用呢?完全不合语法。但若仔细想一想,这种现象其实是有类似先例和相应理据的。比如,“滥觞”字面义为“浮起酒杯”,已经是一个既包含动词又包含名词的短语,但变成典故后,“滥觞”变成了表示“起源”的动词,出现了“XX滥觞于YY”这样的句式。这个句式从字面上看和“我真香了”一样,也是讲不通的,但早已得到了广泛认可,为汉语规范所接受。其中关键,就在于人们倾向于把一个典故浓缩、改造为一个词语来运用,在这个过程中,本不是词的短语变成了词,本来的词性也可以发生改变……然后这个词成了一个用来承载典故含义的语言符号,只能当作一个整体来理解,其内部结构被忽略,本来不合语法的用法也就被接受了。就此来看,古代与现代的典故词汇化现象其实是相通的。

不过,古代就被用作动词的“滥觞”已经为通用语言规范所认可,而现代被用作动词的“真香”眼下还只为网络语言所接受。究其原因,一方面是前者有着后者望尘莫及的历史积淀,另一方面,大概也跟两者语言形式本身的差别有关："真香"比较口语化，生活中本就常用，用法改变时比书面语化、陌生的"滥觞"更容易引起接受者的"违和感"，让人感到别扭——熟人"整容"容易让人一时觉得难以接受，但很少有人在意一个不怎么见到的陌生人是否变了模样。

"真香"这简简单单的两个字竟然可以有这么多说道，真香！

“口嗨”怎么“嗨”

张 弛

在网络语言中，有时会看到这样的表达：“那家伙又在口嗨了”“口嗨谁不会呀”。这时，你也许会感到莫名其妙：“口嗨”是什么意思？它究竟是怎么“嗨”？

“口嗨”一词最早出现于2012年某网络平台的直播中，它由“口”“嗨”两个语素构成，其中“嗨”由英文单词“high”音译而来。英语中的“high”有一个含义“因享受某种事物或获得某种成功而极度兴奋、快乐”，但此义项一般见于名词和形容词，在我国的流行文化中则衍生出了动词的用法。网友们经常使用“嗨起来”这一表达来邀请别人一起做某件令人快活的事情。同样地，在“口嗨”一词中，“嗨”也被用作动词，因此“口嗨”从构词法的角度来看应该属于主谓结构的复合词。

“嗨”本身并无明显的褒贬色彩，但“口嗨”一词则带有贬义色彩，最初被用来吐槽嘴上说得天花乱坠，却不能实际履行承诺的人。比如，某些游戏玩家在开局前“口出狂言”要胜过对方，实际却输得很惨，就会被说成“口嗨狗”。在这个意义上，“口嗨”和“吹牛”是同义词。但既已有了“吹牛”的表达，为何还需要造出“口嗨”这样的词呢？这也许是因为“口嗨”不仅在语义上结合了外来语汇、流行文化，在语音上也有着独特“优势”。从音韵的角度来看，“口嗨”一词属于十三辙中的怀来辙，相较于属于由求辙的“吹牛”更加响亮，说起来也更有昂扬恣肆的语言趣味。

在实际生活中，“口嗨”一词可以和很多词语组合，用来描述当代人的真实体验。比如“口嗨型努力”，指某些人定下了宏大的目标却懒于完成，只会大喊口号的状态；还有“口嗨型恋爱”，指的是某些年轻人口口声声说渴望爱情，当有异性对自己示好时却退避三舍。同理，“口嗨式减肥”“口嗨式学习”等短语也具有相似的表达模式，都表示“很会说但不会做”的相同语义。

“口嗨”也衍生出了“只是为了嘴上宣泄，而现实则于事无补”的意义，这时它的语义发生了一些细微的变化。和“吹牛”同义的“口嗨”表示盲目夸大自我能力乃至发生了言语者始料未及的言行不一现象；而和“宣泄”近似的“口嗨”则是一种既知无法改变现实，便选择在言语世界里天马行空的行为。表示自我宣泄的“口嗨”如果用来形容别人，是一种带有同情意味的调侃；若用在自己身上，则体现为言语自嘲及俏皮的自我开解。

历数“口嗨”的前世今生，可以发现它其实是十几年来网络文化投射的产物。在网络环境中，个体的真实身份隐匿，不需严格地对自己的语言负责。因此，夸张的言语在网络中愈发汹涌，极致化表达似乎已经成为网络语言的共性和惯性。而在现实生活中，各种各样的压力和困难总是无可避免，人们转向网络进行言语宣泄就更显得自然了。这也是“口嗨”一词虽然带有贬义，却依然成为一种无伤大雅、有助于调节情绪的网络文化的原因。

“口嗨”虽然能纾解压力、娱乐大众，却也不可贪多。无论是哪种形式的“口嗨”，都具有脱离现实的特征。如果想获得长久的、真实的幸福，还需在现实生活中不懈努力，化嘴上的“嗨”为充满价值感的行动上的“嗨”哦！

要“走心”不要“漫不经心”

吴彩旎

自从“走心”这个词语在网络中出现，它就一直活跃在大家的视野当中：无论是夸赞一首歌曲“歌词写得非常走心”，还是表扬一个生日礼物“选得很走心”，“走心”的出镜频率都很高。

“走心”的“走”应该作何解？“走”字在古代解释为“奔跑”，但在词义的演变中，“走”逐渐代替了“行”，表达“行走”的意思。“行走”义之后，“走”字引申出了各种各样的意义，如“走关东”中解释为“前往”，“走样”中解释为“变动”，“走亲戚”中解释为“往来”，“走后门”中解释为“通过”……

当“走”解释为“改变、变动”时，“走心”表达了和现在用法完全相反的意义——“变心”。这层意义可以追溯到东汉时期，在《汉书》中有这么一句话：“亲疏皆危，外内咸怨，离散逋逃，人有走心”，表示民心有所改变。“走心”作为“变心”的意思还保留在一些北方方言中，如谭亿的《麦收之前》有一句“凭良心说，我可没走心啊！”用的就是这个意思。汉语普通话中，有一个“走形”的词语，这里的“走”也是“改变”的意思。

当“走心”成为流行的网络用语后，它的意义就完全不一样了，它在网络上经常表达两种意思：

一个意思是“能触动内心，让人感动”。这里的“走”可以解释为“前往”，比如“走心的聊天才能真正走进一个女孩的心”；也可解释为“往来”，表达一种心灵之间的互动和往来，产生心灵上的触动，比如“听走心的音乐，看走心的电影”。

第二个意思是“做事认真，肯用心”，这里的“走”作“经过、通过”解，形容做一件事情花费了心思，令人满意。比如“非常走心的推荐”“收到一份很走心的礼物”“新的一年会更加走心地生活”。这里“走心”和“用心”虽为近义词，但却更富有形象化的色彩，有一种经过持久的努力、走过漫长的路途的形象感。这种用法的“走心”也延伸出各种各样“走×”的搭配，作为一种谐谑的形式，比如“走肾”“走肺”。

“走心”如今已经是一个容易理解并被广泛使用的网络词，也经常被用在推荐语中。可以拿来形容一本好书，也可以用来称赞一档节目，“走心”概括表达出事物所拥有的一种高价值。“故宫上新了，文化走心了”，这句话作为标题被用于宣传故宫官方出品的一档综艺。但是这句话也让人产生一种疑惑，难道在此之前，文化就没有“走心”吗？

仔细想想，生活中的哪一件事不需要“走心”呢？“走心”在网络上的流行也可以反映出现实生活缺少“走心”，更多的是“漫不经心”，以至于“走心”经常被作为一个褒义词来使用。也许是生活的压力太大，导致“心”无法平摊到每一件事情上；也许是社会的功利心太重，凡事得到利益就好，至于是否“走心”不再重要，敷衍了事也无妨。

尽管如此，如今人们还是喜欢用“走心”来形容生活中每一件美好的事物，人们的真情如此珍贵，因此“走心”能提醒自己珍惜生活中的每一个美好的瞬间，每一天都“走心”地过！

意味深长的“害”

盛雨婷

当你在网上和别人聊天时，如果看到对话框中突然出现了一个“害”字，会有什么感觉？不用感到“害怕”，也别以为有人受到了“伤害”——“害”在网络用语中，是个用法多样、含义颇丰的叹词，如：

害，你早说呀。（误会和矛盾解开时的恍然大悟）

害，没事儿的。（毫不介怀的淡然随意）

害，这可还行。（结束对话前尴尬又不失礼貌的敷衍）

害，我能力不行，但还是想试试。（害羞又跃跃欲试的心情）

像这样的例子还能举出很多，“害”作为一个万能开头，可以运用于各种微妙场合。你想不想知道一个看起来普普通通的“害”字怎么会如此“多戏”？这得从它的源头说起。

有人认为，“害”在成为网络流行用法之前，是一个通行于北方方言区的叹词，但没有统一的书面用字。字典中有同音的“嗐”字，作为叹词表示伤感、惋惜、悔恨等。在《红楼梦》中，宝玉就曾因为听到“出嫁”二字而“嗐”了两声；而在多年前一部热播神剧《家有儿女》中，主人公刘梅在与人对话时也经常以“嗐”字开头，让观众们记住了这个北方方言词极强的表现力。

在网络上，作为叹词替代字的“害”，在大多数情况下起着承接的应答作用，当然也兼有感叹意味。“害”字的巨大魅力在于，每个人对它的语气意义在共识的基础上又有各自的理解，因此具有无限大的能产性。“害”字一出现，原有对话中的情绪走向便被悄悄强化，巧妙化解情绪、自然铺垫微妙瞬间、快速引入高光时刻……“害”，还真有几分只可意会不可言传的深意。

再来说说由“嗐”到“害”的变化。“害”是一个实词，每个会说普通话的人都能够十分到位地发出其读音。而“嗐”作为含义较虚的叹词，人们往往会倾向于念得短而弱，甚至读作轻声。轻声字由于时长较短，音高的变化程度大大压缩，原有的声调便无法保持。所以，从语音细节上看，“害”比“嗐”更能强化其读音。而在网聊这样一种凭视觉而非听觉对话的语体中，使用实词“害”来代替虚化的“嗐”，显然加强了它所要传达的语气意味。

在网络语言中，用同音词来代替口语中的叹词、语气词是一个常见的现象。除了意味深长的“害”字，在叹词中用“艾”代替“哎”、“矮油”代替“哎哟”，在语气词中用“鸭”代替“呀”、“拉”或“辣”代替“啦”都是很常见的。从功能上看，“谐音替代”新奇而有趣，另类叹词和语气词为网络对话营造了轻松愉快、温馨友好的氛围。

网友们用自己的方式使用着叹词和语气词，不断更新着网络用语的历史。这些新兴语言形式不仅活泼友善“萌萌哒”，而且在不经意间丰富着现代汉语的词汇宝库。

害，我好像说得差不多了，你会用了吗？

谢谢，有被笑到

刘可欣

上网看到好玩的帖子，你还在评论区“哈哈哈哈”吗？教你一招，要想矜持又委婉地表达觉得很好笑，应该说：“谢谢，有被笑到。”

谢谢，有被笑到！主持人太有梗了！

《脱口秀大会》的谐音梗太有意思了！谢谢，有被笑到！

近来，简单粗暴的“哈哈哈哈”逐渐无法满足网友的表达欲，取而代之的是“谢谢，有被笑到”。“有+动词/动词词组”的用法在古代汉语中不多见，“有”一般相当于助词，没有实际意义，如“女子有行，远父母兄弟”（《诗经·邶风·泉水》）。《现代汉语词典》收录了“有”在部分动词前出现的用法，如“有劳”“有请”。在文学作品中，南方作家尤其是台湾作家受到闽南方言的影响，格外青睐“有+动词/动词词组”的用法，如“他真的是有吃醋吗？”（琼瑶《青青河边草》）词典的收录和文学作品的使用都表明，“有+动词/动词词组”用法具有一定的社会认可度和接受度。“谢谢，有被笑到”正是这种语法现象的特殊化呈现，“有”后面的“动词/动词词组”采用了被动语态，取消了动作的主动性，说话人成为动作的受事，“有被笑到”本质上表达的是说话人被某人某事逗笑。

“以后我要做一个高冷的帅哥，第一步就是把‘哈哈哈哈’换成‘谢谢，有被笑到’。”网友表示这种表达更为高级，也显得自己相对矜持。所谓礼多人不怪，一句“谢谢”挂嘴边总没有坏处。网络交流也是如此，对方让我们心情愉悦，我们不妨回馈一句感谢。因此，“谢谢，有被笑到”是矜持的表现，更是文明礼貌的行为。此外，相比于“哈哈哈哈”对笑的单方面生理性表达，“谢谢，有被笑到”还增加了“笑”的互动性。这句话首先预设了一个发出搞笑元素的主体，并对这个主体表达感谢，一来一去，形成了有效互动。

当然，在很多语境中“谢谢，有被笑到”也可能并非是因为觉得好笑，而是一种嘲讽的用法。比如：“人家跟他谈恋爱，他跟人家谈法律。谢谢，有被笑到。”此时的“笑”是嘲讽，暗示前述事实非常离谱，让人觉得离奇可笑。

同时，“谢谢，有被笑到”已经衍生出一类句式，即“谢谢，有被×到”，其他心理感受也开始进入该句式中。这类句式正在渗透进生活的方方面面，只要是表达心理活动和主观感受的词语都可以代入句式。

第一次等外卖等了两个小时，谢谢，有被气到。

是什么样的魔法竟能够让11月的上海获得26℃的高温？谢谢，有被热到！

再次为人类幼崽的可爱程度折服，谢谢，有被萌到。

代入的词语是整个句式的点睛之笔，决定了句式的核心意义，其感情色彩也决定了句式的感情色彩。

那么，读到这里的你，有没有被科普到呢？

隐喻世界

“抄作业”，抄什么

曹 艺

抄作业，几乎是每个人在学生时代都会遇到的事情，这种行为对学生没有好处，也是被老师严禁的。但是最近在网络上，“抄作业”的表述却开始渐渐兴起。“这游戏关卡太难了，想过？还不快来抄作业！”“如何在家做蛋糕不翻车？快进来抄作业！”这可能让人不解：什么时候还能催着别人抄作业了？

其实从使用语境就可以推测，这个“抄作业”并非是学生时代的抄作业，而是对前人或强者经验的一种承袭。在游戏语境中，“抄作业”代表着借鉴通关攻略，攻略与学生时代的作业答案类似。在生活语境中，它可以表示各种过来人的经验。比如“梨形女孩如何穿搭？好想抄作业”，“作业”就是穿搭达人的着装经验。可以看出，在网络语言中“作业”不再限于答案，这种含义的扩大也使得它的运用范围不断扩大。

也有把“抄”和“作业”分开的用法，比如“游戏关卡太难，有没有作业借来抄抄”“感谢博主对于穿搭的分享，作业抄得太开心了”。这种用法增加了使用的灵活性，使得表达更加多样。“作业”也可以拿出来单独使用，这种情况下，它已经扩大了的含义也并不会消失。拿同样的语境举例子，“游戏关卡太难了，我连作业都没有找到”“别人分享的梨形身材穿搭作业，好像都不适合我”。

除了“抄作业”从校园文化中脱身而出，“优等生”“学霸”“学渣”等概念也应运而生。在“抄作业”时，提供“作业”的人会被借鉴者称为“优等生”“学霸”，而经常借鉴他人“作业”的人也会自嘲是“差生”“学渣”。比如“不行我太学渣了，大佬的作业都抄不好”“学渣又来抄三好生作业了，感谢分享”等。

与同样来自校园文化的“敲黑板，划重点”“课代表出来解释一下”相同，这种把借鉴经验称作“抄作业”的做法，在使用之初带有活跃气氛、吸引眼球的意味。它与每个人都曾经历的校园生活相关，甚至还能表现出“借鉴经验”等普通说法所不能表现的微妙情感含义（比如自嘲、赞叹等），这使得它快速地进入到各个语境中，并且热度不退。但也正因为这一特性，在一些正式场合或表达严肃内容的时候并不适合使用。比如在2020年新冠疫情中，在中国疫情向好，国外逐渐水深火热之时，“抄作业”的表述再次兴起，希望外国借鉴中国的经验和做法。这种心态无可非议，但“抄作业”的表述让一些人觉得过于娱乐和轻浮，甚至带有高高在上的意味，是对防疫背后所付出的巨大代价的不尊重。可见，“抄作业”并不能摆脱它本身活跃气氛的特性，虽然可能含义相似，但它并不能完全代替“借鉴经验”等正式表达。

在网络社会中，许多人乐于分享各种各样的经验，这也给后来人提供了便利。借鉴前人的做法，当然可以少走许多弯路，从更高的起点出发，从而获得更大的成就。但是需要注意的是，在学生时代，抄作业通行是因为大家所做的题目都是一模一样的，因此有参考答案的存在。可在生活中，情况复杂多样，人与人不同，事与事不同，国与国不同，并没有绝对的参考答案。因此，“作业”该不该抄，该怎么抄，应该结合自身情况有所取舍。创新，超越，青出于蓝而胜于蓝，才是“抄作业”能给人们带来的最好礼物。

"送命题",你怕了吗

张 师

上学期间,我们一定听到过老师语重心长地说:"同学们,这是一道送分题啊。"有学生录下了某位老师说这句话时的夸张模样并上传至网络,视频中老师丰富的肢体动作和魔性的声音让"这是一道送分题"迅速走红,进而成为一句流行的网络用语。

"送分题"成为流行用语后,衍生出了一个仿拟格式——"送命题"。许多网友喜欢通过社交平台来提问,却往往提出让人左右为难的问题。这些问题不仅隐含危机,难以做出满意答复,而且答错的代价很大,被网友戏称为"送命题"。这类"见血封喉"的"送命题"常常出现在学生考试、情感问答以及职场提问里,让回答者出乎意料,防不胜防。

四川某高校期末考试中曾惊现过一道辨认授课教师的"态度题",题中7位老师的证件照一字排列,要求考生不仅认出来自己老师是哪位,而且必须正确填写名字,评判标准是答对不得分,答错扣41分。这意味着学生一旦无法正确辨认课程教师,便被宣告考试不合格。这类试题对那些逃课的学生来说可谓是"一招致命"。

作为网络用语的"送命题"有十分广泛的应用,不仅能指测试中遇到的难题,还可以指"妈妈和女友同时掉进水里,先救谁?"这类情感两难题。比如女友新剪了短发，问男友："你觉得我以前的长发好看，还是现在的短发好看呢？"这时候如果简单回复"长发好看"，言外之意则是新剪的短发不好看；若回复"短发好看"，言外之意又变成了以前的长发不好看，可以说是左右为难。而且一旦回答失误，便会使女友心情不佳，需要花费更多心思讨她欢心。为了不让恋人生气，广大男同胞在面对"送命题"时往往胆战心惊，进而出现了众多恋爱问答教程——《最新女友送命题大全》《你眼中的送分题，都是直男的送命题》《送命题保命指南》等等，让人哭笑不得。不过，在别有深意的情感问答中，"送命"也带有了甜蜜的意味：通过这些考验男友的送命题，女友一方面因男友的耿直而忍俊不禁，另一方面亦感受到了男友对于恋情的用心。

职场中的"送命题"也令人瑟瑟发抖。比如面试时的经典问题："为什么从上家公司离职？"如果求职者一味地吐槽上一家公司的缺点，面试官会觉得你喜欢抱怨；如果避重就轻，回答得太敷衍，面试官会觉得你不真诚，另有隐情。类似的职场"送命题"还有"你和队友淘汰一个，怎么选？""陈述一下你在工作中的缺点"等等。它们暗含"杀机"，不仅很难做出满意答复，而且回答失误带来的代价也不小。

无论是考试中的难题，抑或是人际关系中的两难，答错了"送命题"虽然有代价，但却远不至于丧命。"送命题"作为一种戏称，夸大了答错题而付出的代价，用极致的表达吸引人的注意力，如今已成为各类媒体在标题中常用的词语。与之类似的还有"求生欲”“压力山大”“吓死宝宝了”等网络语言,它们都带给人鲜明强烈的印象,都具有大词小用的夸张效果。面对隐含危机的“送命题”,不必恐惧,少点套路,多点真诚,也许你就能转危为安,成功将其翻盘为“送分题”!

从“放鸽子”到“鸽了”

薛月朗

如今在浏览社交媒体时，经常能看到这样的发问：“被鸽是种怎样的体验？”“为什么我总被鸽？”“不小心鸽了朋友怎么办？”……当然，这里的“鸽”指的不是象征和平与纯洁的动物使者“鸽子”，而是一种网络上的流行用法，用“鸽”来表示已定下约会却爽约的行为。同样的意思也可以用鸽子的“咕咕”叫声来表示，如在网络上常见的“她咕咕了我”即为“她爽约了”的意思。

为什么“鸽”可以表示爽约？这一用法还要溯源到俗语“放鸽子”。从唐代起，鸽子开始广泛地被用来传递信函，称为“飞鸽传书”。《酉阳杂俎》中说：“大理丞郑复礼言，波斯舶上多养鸽，鸽能飞行数千里，辄放一只至家，以为平安信。”由于鸽子可以作为信使，对古人的生活有很大的帮助，所以很多人家都养鸽子。后来有人开始用鸽子进行比赛，称为“赛鸽”，类似于赛马。《广东新语》中有记载：“岁五六月广人有放鸽之会，……择其先归者，以花红缠鸽颈。”说的就是赛鸽的盛况。“赛鸽”使品种优良的鸽子成了名贵的“抢手货”，因此也催生了一种叫“裹鸽子”的勾当。一些人专门盯着别人放鸽子的时候，放出自家养的“诱鸽”，混到鸽群中，三两下就把一大群品种名贵的鸽子拐为已有了。对于原来的主人而言，放飞的鸽子再也回不来了，只能是空等一场，仿佛是被鸽子“爽了约”，所以后来就用“放鸽子”表示失约。

除此以外，还有一种关于“放鸽子”的说法，据说是来自旧上海的博彩业。当时发行一种起源于赛鸽赌博的彩票，俗称“白鸽票”，中奖率很低，参与者投入的资金基本有去无回，所以用“放鸽子”来形容，后来慢慢引申为答应别人的事情做不到、有违誓言或爽约的意思。

在网络语言中，“放鸽子”被简化为“鸽”，“鸽”的用法也随之动词化了。名词动用现象属于网络语言的常见用法，比如“雷”本来是指一种自然现象，但逐渐动词化为“惊吓到、震撼到”的意思，如“这件衣服的配色雷到我了”。同样还有“水”这个词，本来是与人密切相关的液体，但在网络中逐渐动词化为“划水”的意思，用来描述“偷懒、胡混”的行为，比如上大学时老师经常强调“我这门课千万不能水过去”。“鸽”也是同理，在网络传播中，人们更偏向于用易感知、易记忆、易辨认的部分替代整体。如果仅用一个字就能生动形象地传递一段话或一句俗语的意思，那么这个核心字就会由于它的凸显特征而被保留下来，这就像进化论中的“适者生存”。由于“鸽”可以完整表达“放鸽子”的含义，且更简洁轻快，所以在网络语言的进化中“鸽”作为“适者”在“优胜劣汰”中生存了下来。

此“韭菜”非彼韭菜

梁 聪

当我们在网络购物平台上选购心仪商品的时候，时常能够发现“某某店家又要开始割韭菜了”这样的网络评论，如果你是刚刚开始接触网络的网民，可能会误以为市场上有某家专门种植韭菜的农产品公司要开张做生意了。但事实并非如此，网络用语中的“割韭菜”可不是采摘新鲜韭菜以供贩卖，而是“通过某种商业营销手段来刺激消费者购买商品”的意思。

韭菜本来是日常生活中很常见的一种蔬菜，怎么会和商业营销联系到一起呢？这就要从韭菜本身的特点说起了。作为一种优质农作物，韭菜相比于其他蔬菜的一个显著特点就是生命力顽强，生长迅速，正如民间俗语所说的那样“割了一茬又一茬”。

近些年来，随着商品经济和互联网商业的发展，人们手中可以自由支配的金钱越来越多，消费的渠道越来越多，消费的欲望也越来越旺盛，出现了一些为了满足自己的购物欲望而进行大量无节制消费的消费者。于是，网友就抓住了消费能力超强（生命力强）和消费欲望旺盛（生长迅速）这两个“共同”特点，用“韭菜”一词来讽刺那些盲目消费的消费者们，他们就像田里的韭菜那样“一茬接一茬”地不断生长。“割韭菜”也自然成为商家为了销售产品而进行大肆宣传刺激消费者购物的代名词。

随着“韭菜”这个比喻被越来越多人所接受,“韭菜”和“割韭菜”的范围也逐渐地扩大。在今天的互联网语境下,大部分通过商业行为获取利润的行为都可以戏称为“割韭菜”,而这些商业行为的目标用户自然就是被收割的“韭菜”了。比如,在各式各样的网络购物节中“买买买”的顾客是“韭菜”,金融市场上盲目追求经济效益而忽视风险的个体投资者也是“韭菜”,在网络应用中大肆充值的玩家也可以被称为“韭菜”。在“韭菜”的基础含义之上,还衍生出了诸如“十有八韭”(用来形容股市惨淡,股民普遍亏损的现象)、“忠实韭菜”(比喻那些狂热地追求某个特定品牌产品的消费者)等一系列有趣的用法。此外,如果“割韭菜”时的“吃相”太过难看,有时候还会导致“韭菜伤根”(指卖货太狠以至于一段时间内顾客的消费能力降低)或是“把韭菜连根都拔了”(指用户可能转向其他商家进行消费)的尴尬局面。

总之,“韭菜”在网络用语中是一个带有一定贬义色彩的词语,虽然人们时不时也会在花钱的时候用“韭菜”来自我调侃一番,但更多的时候“韭菜”还是用来讽刺那些盲目消费、“人傻钱多”的消费者。而“割韭菜”更多也是用来讽刺批评那些为了赚钱不择手段,不把消费者当人,而是当作韭菜那样“收割”的商家以及他们的过度营销行为。

此“韭菜”非彼韭菜,在互联网消费风潮盛行的当下,我们可要擦亮眼睛,别一不留神就成了别人盘中的“韭菜”呀。

从“网抑云”到“网愈云”

洪晓雯

“你那么孤独，却说一个人真好”“年轻时我想变成任何人，除了我自己”……每到午夜，少男少女们从白天积极向上的姿态切换成颓废抑郁的“网抑云”选手，戴上耳机沉浸在自己的伤心世界，写下一段段心碎文字。网抑云，是2020年爆发的丧文化新梗。

网易云是一个深受欢迎的音乐播放平台。午夜听歌，一些伤感的音乐容易引起众人的共鸣，于是评论区出现了各种高考失利、失业失恋等忧郁文字，到后来大量无病呻吟、矫揉造作的伤感评论纷纷加入，就形成了“网抑云”的丧文化现象。

“网抑云”的诞生利用了谐音梗，谐音梗最早来自谐音修辞，但在网络语言中变得门槛很低，大多是没有营养的同音关系。比如：

A：你知道星星有多重吗？

B：八克，因为星巴克。

诸如此类的谐音梗可以说是不胜枚举，其存在也无非是一时的搞笑，并无太多内涵。这是否意味着所有的谐音都到了“说了就要扣钱”的地步呢？好像也并非如此，比如：

今年是牛年。所以大家的新年祝福当然少不了——牛（扭）转乾坤！

这个例子也是生活中谐音运用的典型，但是与上面一例不同的是，它们不仅同音，而且做到了语义双关。在诙谐幽默的言语之中，传达了人们美好的祝福。而“网抑云”的诞生，也正是这一类巧妙的语义双关。

由网易云为何会想到网抑云呢？这说明抑郁是当代网民一种相当普遍的状态。社会现实中对某一心理现象的关注，往往会影响网络流行语的走向。当抑郁成为当代人的一种普遍心理状态时，“因网而抑，扩散成云”也就不奇怪了。网易云的感伤音乐击中了人们心中某个柔软的角落，引起了人们的共鸣，他们闻歌而泪，在评论区留下一条条带着自己印迹的忧郁文字，以此来宣泄自己无法排遣的负面情绪。渐渐地，“网抑云”变成一个流行语，“今天你‘网抑云’了吗？”“老网抑云了”“天天网抑云”……类似的说法层出不穷，不少青少年也跟风使用，颇有为赋新词强说愁的味道。

但是我们也要看到这样的一种奇怪现象：上一秒还忧郁地在键盘上敲下太宰治的“生而为人，我很抱歉”，下一秒就转头大喊：“妈，饿死了，该吃饭了！”这一类人其实并非是真正的抑郁者，也并非抑郁者的共情者，只是装模做样地模仿着这种文艺腔。他们跟风起哄，敲出一行行“厌世”的文字博取眼球，最终变成“人云亦云”的“网抑云”现象。

日益泛滥的“网抑云”消费着抑郁的情感，难以避免地对真正的抑郁群体造成一种伤害，于是越来越多的人开始致力于推动“网愈云”，来共同应对这种无病呻吟的“丧文化”。“网愈云”也像“网抑云”一样，既与“网易云”音近，又巧妙双关，且恰与“网抑云”语义相对，更表现出人们对于正能量文化的推崇。不少网民开始发表一些积极的、治愈的评论，开始让“网抑云”转向“网愈云”。

我们并不反对人们对消极情绪的宣泄，只是希望也有一种更为健康的社会心理导向，指引更为积极的网络语言环境。在“网抑云”的丧文化之后，我们看到了“网愈云”成为一股新力量，不禁要为之鼓劲喝彩。

当今为何多“巨婴”

焦妍与

当今社会飞速发展，物质条件逐渐充裕，人们的生活水平不断提高，这样的时代呼唤着心智成熟的社会公民。然而，吊诡的现象似乎总是存在，现代社会里依旧存在着各种“巨婴”，“巨婴式游客”“巨婴男”“巨婴渣”等等依旧是吃瓜网友们爱用的新闻评论词。那么“巨婴”到底是什么？

“巨婴”语素意义为“巨型婴儿”，在医学领域指的是“出生时体重超过4000克的婴儿”，是孕妇在怀孕期间的营养过剩而引发的不健康现象。“巨型婴儿”不仅会给生产的母体带来危害，还直接影响婴儿成长过程中的健康。而网络热词中的“巨婴”则是有比喻义的，这种比喻义使得“巨婴”从医学范畴扩展至社会学范畴，也从一个医学术语走向具有广泛社会性的大众话语。“巨”本来指“身体巨大”，暗含“身体成熟”的含义，而“婴”本来指“婴儿”，暗含“心智不成熟”的含义。“巨”和“婴”这两个语义上完全相悖的语素组合在一起构成了一个具有极大概括力和冲击力的词语，指的是“像婴儿一样心智不成熟的成年人”。而这种心智不成熟，往往体现在个人、家庭和社会三个方面：

在个人性格层面天真自恋而脱离现实，或者个性偏执任性，缺乏理性，容易冲动。在家庭中娇生惯养，虽然具备劳动能力却过分依赖家庭甚至啃老，或者作为丈夫或妻子却依赖自己的另一半。在社会上表现自私，缺乏社会责任感和法律意识，对国家大事漠不关心。

在某些语境中，“巨婴”与网络热词“妈宝男”词义相通，指的是由于家庭成长环境中母亲的溺爱和过度“掌权”，导致男性虽然成年但是依旧在心理上依赖母亲，无论是事业还是感情都服从于母亲的选择。某种程度上说，“巨婴”和“妈宝男”等词的盛行，其背后是社会中普遍存在的问题，兼具心理学和社会学的深刻内涵。

“巨婴”一词作为医学用语早已有之，但在具有更广泛的社会含义之后才逐渐成为网络热词。“巨婴”一词，使人们关注社会中心智不成熟的成年人群体，迅速点燃各大媒体和朋友圈的情绪，准确地击中了中国社会中普遍存在的教育缺陷，是当代中国经济飞速发展而人文素养相对短缺的某种时代缩影。

此外，“巨婴”还比喻像婴儿般不具备自主发展能力的企业，如“扔掉补贴奶水？‘巨婴’将成巨鹰”（《中国城市报》2017年2月20日），从整句话来看，这个新闻标题巧用谐音对比，“巨婴”一词简洁明了，内涵丰富。

在语法层面上，“巨婴”一词不仅可作主语、宾语，还可在句子中作定语，如“巨婴父母”“巨婴股民”“巨婴男友”。也可与其他词语组合，起修饰作用，如“巨婴渣”即以“巨婴”修饰“渣”，指心理不成熟且以自我为中心的成年男性。

由此可见，"巨婴"一词的流行，是社会现象在语言上的体现，是人们对于社会热点的语言反思。人们用"巨婴"来抨击某些不负责任的人和事，在揭示社会丑恶现象的同时，却也体现着人们对于富有担当、心智成熟的公民人格的向往。相信在未来的时光中，"巨婴"们也会不断反思自己，逐渐完成真正的成长。

你发现“宝藏”了吗

曹 艺

“恭喜你发现宝藏! ”

在网络上, 你可能会在各种场合遇到这句话。或许是打开一个视频时弹出的弹幕, 或许是刷微博时看到的安利帖子, 又或许是听小众音乐时下面的评论。当然, 你不可能真的发现了什么真金白银或者珍珠宝贝。

正常情况下, “宝藏”的确与金银有关——指储藏的大宗珍宝或珍贵物品, 也指蕴藏在地下的矿产资源。但是在网络上使用的, 却不是这个本义。宝藏大多具有珍贵、丰富的特点, 发现宝藏可以给人带来惊喜和财富, 通过对于这一细节特征的引申, “宝藏”可以不再单指金银财宝, 也可以用来形容珍贵、丰富的其他东西。

一般来说, “宝藏”会作为定语修饰一个名词, 这个名词可以是人也可以是物。最常见的用法是“宝藏男孩/女孩”, 形容某个人具有让人感到佩服或产生兴趣的性格、特长、能力等等, 网络上多用于形容明星。“男孩/女孩”的称呼本就给人一种青春、阳光的积极气息, 用“宝藏”与之搭配, 更能体现出赞美和亲近之意。其他后接指人名词的还有“宝藏歌手”“宝藏作者”等等。相比于“宝藏男孩/女孩”带有欣赏性格优点的意味, 直接称呼其职业, 更多的是对其作品和能力的称赞。这样的“宝藏”，带给人们的是精神上的愉悦。

“宝藏”后接的名词也可以是物，这种搭配比较多样，比如说“宝藏视频”“宝藏节目”“宝藏眼影盘”等等，能够使人感到惊喜的事物，大多都可以与“宝藏”搭配，用来赞美它们的制作精良或使用方便，能够最大程度地满足人们的期待，带来愉悦的享受。

宝藏的另一个特点，是它的隐蔽性。通过各种传说故事的渲染，人们想起“宝藏”，也会自然而然地联系起“挖宝藏”“藏宝藏”“神秘宝藏”这样的组合，这种神秘色彩也延伸到了作为网络用语的“宝藏”上。在人们用“宝藏”赞美人或物时，都带有这种被赞美的特质是不易发现、需要挖掘的隐藏属性。比如“宝藏男孩/女孩”，只有深入了解他们，才能够发现那些被赞美为“宝藏”的闪光点。而当赞美对象是事物时，又隐含有“这个事物虽然好但本来很小众”或是“本身没抱太大的期待但没想到深入了解后这么精彩”的意思。也正是因为这种隐蔽性，发现了“宝藏”时才会更加惊喜。

在一些特殊语境中，“宝藏”也有贬义的用法。比如某个明星被爆出黑料，不仅令人震惊，而且深入挖掘后发现这样的黑料源源不断，也会被嘲讽地称为“宝藏男孩/女孩”。这种贬义的用法淡化了宝藏本义中“珍贵”的义素，更加强调了“挖掘”“丰富”的特点。

“宝藏”这种名词用作定语，不再具有指称功能，而是强调属性特征的用法其实并不少见。与“宝藏”相类似的还有“神仙”一词，“神仙女孩”“神仙网站”的说法同样常见。与“宝藏”类似，

"神仙"突出了被赞美的特质让人望尘莫及并带来异常惊喜的特点。不过"神仙"一词并没有"挖掘"的隐藏含义，而具有了"超越一切"的意义。

发现"宝藏"的欣喜，体现了人们对于美好事物的追求。人们喜爱特长众多、能力强悍、性格喜人的"宝藏男孩/女孩"，也喜爱制作精良、使用方便、内涵丰富的"宝藏事物"。你曾经发现过"宝藏"吗？不论有没有，美好的事物有那么多，只要有一双发现美的眼睛，总会发现属于你的"宝藏"。

只有菜肴才“下饭”吗

林婕雯

如果你是一个吃货，常常在各大商圈或者老街小巷寻觅美食，那你一定听过这样一句话“这个菜很下饭”；如果你是一个电视迷，不论影视剧还是综艺你都如数家珍，那你一定刷到过这样一句赞叹“这个节目很下饭”；如果你是一个电竞迷，喜欢看职业选手开游戏直播，那你一定在弹幕上看见过这样一句调侃“这个操作真下饭”……为什么在不同的场合我们总能听到或看到同一个词“下饭”呢？这还要从词的本义说起。

追本溯源，“下饭”是一个方言名词，指“菜肴”，也就是我们生活中常说的“小菜”。下者，送下也，“下饭”也就是陪饭下肚之物，所以用“下饭”指代菜肴，是十分贴切形象的。现代人所讲的“饭”多指稻米煮成的米饭，而稻米多产于南方，所以“下饭”称菜肴也多见于南方方言。

除了名词之外，“下饭”还有一个用法，就是用作形容词，此时义为“适宜用来佐餐”，比如开头说的“这个菜很下饭”。这便引申出网络用语“下饭综艺”“下饭剧”中的“下饭”了，即就着电视节目把饭吃下去，也就是一边吃饭一边看剧，不仅能让吃饭的过程变得更有趣，还能够增加食欲。所以，当我们想要夸赞一个电视节目时，我们就会用“下饭”一词以示其质量之高，观看感受之愉悦。

但如果你想用“下饭”一词来夸赞电竞主播的操作，则会令人啼笑皆非。因为在电竞圈，“操作下饭”中的“下饭”有着和“下饭综艺”中的“下饭”完全相反的情感色彩，它用来形容游戏操作水平低、质量差，是一种调侃和嘲讽的委婉说辞。这个“下饭”的语义演变逻辑是：低水平的操作被称为“菜”“好菜”，既然是“好菜”，那么就适合用来“下饭”。其中，“好菜”由一个状中结构的形容词短语被偷换概念成为一个定中结构的名词短语，这是其语义演变的关键。

“下饭”这个调侃用语这两年在电竞圈广泛流行，但当游戏操作水平低得离谱时，“下饭”这种委婉说辞便不再能够满足观众的表达需要了，他们创造出了更多更夸张的衍生表达。比如“直接往我嘴里塞饭”，当动词由“下”换为“塞”时，因为“塞”的动作要比“下”更夸张，所以其表达更为强烈。又比如，“直接往我嘴里塞电饭煲”“直接在我嘴里开饭店”“直接往我嘴里种水稻”……虽然这些表达千奇百怪又不符合实际，但它们与“饭”都有着一定的联系：饭是用电饭煲煲出来的、饭是在饭店里卖的、饭是由水稻的果实煮成的……人们通过联想与“饭”相关的对象，使用转喻创造出了这些衍生表达，当它们与“饭”的相关性越弱，其表达效果便越夸张——也就是说“菜”的程度越高。

民以食为天，“吃饭”是一件很重要的事情，而“下饭”从“下饭菜”引申为“下饭综艺”“操作下饭”并被创造出各种衍生表达，也是网络世界充满语言活力、语言创造力的一种体现。

“种草”“长草”和“拔草”

徐默凡

拔草，听上去像是园艺用语，对于我们这一代人来说，恐怕还会引起一番童年回忆，那是小时候每年都要做的“苦力活”呀！暑假里，操场上野草疯长。开学前学校总要组织学生们去拔草，为新学期清除出一片干净的操场。每个拔草的学生都会累得汗流满面，腰酸背痛。

可是在网络语言中，“拔草”的意思却完全变了，要说清楚“拔草”的意思，恐怕还得先从“草”说起。所谓“草”，其实就是对某种商品的购买欲望，这个比喻是不是还挺形象的？想买某种东西的欲望，静静地在心底萌芽，虽然不茁壮，却很茂密，很顽强，弄得人心底一直痒痒的，就像漫山遍野疯长的小草一样。很多吟咏小草的古诗也是可以形成有趣类比的，如“离离原上草，一岁一枯荣”，购物欲也是随季节变迁，每到换季时节总会悄然萌生。“天涯何处无芳草，墙里秋千墙外道”，在满眼广告的世界里，到处都有你心仪的东西，随时激发你的购物欲。“野火烧不尽，春风吹又生”，购物欲总是挥之不去，不管别人劝阻还是自我放弃，隔几天又会浮上心头……

那么，“草”从何处来？有心人会来“种草”。“种草”在网络语言中专门用来指宣传某种商品的优异品质以诱人购买的行为。和广告不同的是，“种草人”可不是商家或者推广机构，而是论坛上的专业人士和民间达人，他们“种草”讲究有理有据，有图有真相，而且是真正提供自己的使用体验并没有营利目的。当然，很多人心底的土壤异常肥沃，除了“被种草”以外，还会“自生草”，随风刮来的野草种子一落地就会茁壮成长。他们不管从什么渠道看到好东西就立刻产生了购物欲望。渐渐地，“种草”的意义就泛化了，不再指专门的民间推广行为，而是泛指购物欲望的萌生，比如“今天逛街，被街边美女的裙子种草了”。

草种下了，就会生长，所以“长草”就是用来指购物欲望不断膨胀的过程，比如：“这一款面膜长草很久了，再也忍不了了！”而“狂草”呢，则进一步描绘了野草发狂疯长到无法收拾的程度。这时候，“拔草”终于登场了。因为早期“种草”的对象往往是名牌化妆品、名牌包袋等奢侈品，所以普通网民只能垂涎欲滴而不能轻易下手，所以“拔草”较早的意思是指放弃购物，亦即终于看破诱惑，不再挂念此物，把草拔了眼不见为净。但是后来“种草”的对象不再局限于奢侈品，各种好玩好看好吃的东西都变成了草，于是“拔草”的意思也很快180度大转弯，从放弃购物欲望变成了实现购物欲望，“拔草”就成了瞅准时机把好东西买下来占为己有。显然，想出手时就出手，这后一种“拔草”要比前一种“拔草”爽快得多，慢慢就成了主要的义项。这种变化也意味着“拔草”从一个小众的秘语慢慢变成了大众流行语。

近来，在“吃货”的努力应用下，“草”似乎又有了专门用来指饭店的倾向：“种草”就是发现了一家新的饭店；“长草”就是不断听人说这家店的菜如何好吃，品尝的欲望不断上升；“拔草”当然就是成功去店里试吃，然后顺手在美食网站上签个到。

“种草”“长草”和“拔草”，这一组网络流行词语体现了普通人生活中的小追求、小满足，充满了温馨和趣味。

“香蕉人”还是“芒果人”?

叶 绩

小说《围城》中，男主人公方鸿渐留洋归来，处于中西文化的冲突中，始终无法找到适合自己的人生坐标，以致被困“围城”，举步维艰。距这个故事发生已近百年，中西文化有过交融，但依然存在激烈的冲突，身处其中的“香蕉人”“芒果人”依然是今天网络讨论的热点。

“香蕉人”又叫“ABC”(American-Born Chinese)，最初指出生在美国的华裔。他们表面上和父辈一样，是正宗中国人的黑头发黄皮肤，但由于自小受到美国教育和文化的熏陶，不说汉语而是说标准流利的英语，思维方式、价值观也是完全美国化的。和来美打拼、立下基业的父辈不同，他们从未接受过中国传统教育，也并不认同中式的传统思维，内心已经完全融入美国社会，由此产生了外黄内白的“香蕉人”说法。

如今，“香蕉人”指称范围扩大，用来泛指海外(而不止美国)华人移民的第二代、第三代子女。而在汉语语境中，“香蕉人”常常含有崇洋媚外、数典忘祖的贬义，这和他们与传统国人的政治立场、文化认同相距甚远，甚至完全对立是密不可分的。

不可否认，“香蕉人”是处于夹缝中的一代。一方面，同祖同宗的中国人会认为他们是西方人，因为他们不会说汉语且不认同中国思维、中国习惯；另一方面，与他们密切交往的西方人又会困惑于他们黄种人的相貌。无论在哪个社会中，“香蕉人”都尴尬于自己的边缘地位，是一群无奈迷惘的“方鸿渐”。因此，越来越多的移民子女开始一面接受西方教育，一面拥抱中国传统文化，努力做一个“外黄内黄”的“芒果人”。他们希望摘下别人扣上的“香蕉人”帽子，尝试在中西社会间获得平衡，并对文化融合做出贡献。从个性上看，他们既保持了中国人刻苦勤劳的品质，又在西方教育中提高了实践能力和创新能力；从文化上看，他们既熟悉和认同中国传统文化，又积极从西方文化中取精华去糟粕，改造后为我所用；从政治上看，他们一方面倾听各方观点，一方面宣扬中国立场。他们以包容的心态拥抱世界，但内心却坚定如一，这便是“芒果人”的坚持。

同样甜润可口的香蕉和芒果，都各自拥有大量拥趸，很少有人会为了它们谁更好吃而争论不休，但到底是做一个“香蕉人”还是“芒果人”，却是移民子女不得不面对的选择。即使是土生土长的国人，也不可置身事外：一方面，不要给海外的中华儿女随意贴上标签，一方面也当扪心自问，自己若是被置于这种境地，会做出何种抉择？

“彩虹屁”是彩虹色的吗

姚 越

彩虹梦幻而美丽，与彩虹相关的词语也常常充满希望与欢乐，比如彩虹旗、彩虹桥、彩虹糖……但如果你在微博搜索关键词“彩虹”，出现最多的恐怕不是彩虹的图片，而是追星女孩对她们偶像的夸赞，俗称“彩虹屁”。高雅的“彩虹”与恶俗的“屁”怎么能连在一起说呢？“彩虹屁”又怎么能用来表示夸赞呢？

“彩虹屁”现象源于韩国，韩国的网民擅长用各种各样的修辞方法对偶像进行全方位无死角的夸赞，用词之夸张有趣令人叹为观止，于是中国的追星女孩就给这种夸偶像的方式起了个名字叫“彩虹屁”，意思是就连偶像放的屁都能被面不改色地吹成如彩虹一般绚烂的事物。“彩虹”和“屁”这两个感情色彩反差强烈的词语，拼合出一个夸张搞笑的组合。

“彩虹屁”之所以用“彩虹”而不是“钻石”或“鲜花”之类同样有褒扬色彩的词，是因为“彩虹”是各种鲜艳的颜色集结在一起，“彩虹屁”也是五光十色充分调动人类创造力的华丽表达。一个完美的彩虹屁，一定要与谦虚谨慎等传统美德做最大的背离，文案越华丽越好，情感越震惊越好。我们来举一个例子，一般的夸奖是：“哥哥好帅！”“彩虹屁”则是：“哥哥的腿不是腿，塞纳河畔的春水；哥哥的背不是背，保加利亚的玫瑰；哥哥的皮肤是华东平原，水嫩散发着青春；哥哥的眼睛是夜空恒星，闪闪发光勾人魂；哥哥的嗓音是黑洞，我们是光，逃不出声音的引力；哥哥的腹肌是丘陵，一不小心就摔在里面；哥哥的手指是麻醉针，碰一下，便沉醉了。”连用七个比喻句，可谓深情至极。还有“你的汗水不是汗水，是玫瑰花的露水；你的胡子不叫胡子，是玫瑰花刺；你的脚丫子不叫脚丫子，是玫瑰花根”，可能对于这位粉丝来说，偶像就是一朵行走的玫瑰花。与此同时，一些夸张的“彩虹屁”也激发了网友们的奇思妙想，一些戏仿之作也给大家创造了很多快乐。

随着“彩虹屁”的使用数量逐渐增加，它的用法也出现分化：一些人开始用相对隐晦的优美文字来表达自己的爱慕，另一些人则选择对偶像以及偶像的作品进行无脑吹捧。前者如“风带着秘密吹过一整片森林，于是每一棵树都知道，我只喜欢你”，这类表白无可非议，毕竟连诗仙李白都曾经表白过孟浩然“吾爱孟夫子，风流天下闻”。但无脑吹捧的彩虹屁却实在让人摸不着头脑，在一些粉丝心中，他们的偶像是十全十美的，偶像的作品也是超凡脱俗的艺术品，这部分粉丝不仅对偶像吹“彩虹屁”，还会对不认同他们观点的人横加指责，这部分粉丝就成了我们口中所说的“脑残粉”。他们每天创作花式“彩虹屁”，但这其实对偶像的成长是不利的，在欢呼中偶像很难听见理性批评的声音，只沉浸在鲜花和掌声中很容易迷失自我。正视并适当使用“彩虹屁”，在某种程度上也是正视自己的偶像，承认人无完人并不会有损于偶像形象，反而给了偶像成长和进步的空间。

“大数据杀熟”——算法的歧途

巩成林

不知道你有没有这样的经历：与朋友相约出去旅游，各自在手机上订相同一家酒店，却发现同样类型的房间价格却不一样，自己作为老客户反而贵出不少。这就是经典的“大数据杀熟”的案例。

我们常说，中国社会是一种熟人社会。按理，越熟悉的人信任感越强，自然合作方便。但如果商家利用老客户的这种信任感牟利，就是传统意义上所谓的“杀熟”。那什么是“大数据杀熟”呢？简单来说，就是从传统“杀熟”升级而来，结合大数据的推荐算法，从而产生的互联网思维下的营销套路、消费陷阱。当今，在互联网上可以购物、打车、订票、订餐、订酒店，大部分人早已习惯了各种线上消费行为，不经意间就留下了自己丰富的个人信息。厂商利用其所拥有的海量数据，分析用户的消费偏好、消费意愿、消费能力等，“个性化”提高相关产品价格，以此获得更高利润。常见的“大数据杀熟”不仅可以根据你的消费记录调整商品价格，更能凭借你的搜索内容、地理位置等分析判断你的消费意愿和消费水平。

“杀”，本义是指杀戮，使人或动物失去生命。而在“杀熟”这个词中，“杀”的血腥气明显没有那么重，更多表现的是“欺骗”的含义，与“宰客”中的“宰”类似。但是因为“熟”，被欺骗的人就更感觉不公平，用“杀”字恰恰可以反映对商家的不满和谴责。“熟”在现代用语中一般作为形容词，而在这里用作名词，表示“熟人”“熟客”。“杀”和“熟”的陌生化组合，让二者多多少少改变了本来的意思，使人耳目一新，印象深刻。

“大数据”作为IT行业的术语，给人们的第一感觉就是先进科学，其搭配的词往往都是对大众有益的，比如“大数据预测”“大数据医疗”。但是依附上“杀熟”，“大数据”似乎就带上了贬义的色彩。事实上，“大数据”本身不含褒贬，“大数据杀熟”也并非“大数据”在贪图钱财，只是被居心不良的人所利用，无奈地成为了助纣为虐的工具。

有观点认为最早的“大数据杀熟”可以追溯到2000年，当年有位亚马逊老用户发现一张碟片对其报价26.24美元，而删除本地使用数据后竟然仅需22.74美元。一经爆料，指责如潮，亚马逊CEO贝索斯为此道歉，称这只是一个“实验”。而“大数据杀熟”一词在2018年3月进入中国大众视野后，迅速被推上舆论的风口浪尖。一时间不少网络在线消费服务平台被指“杀熟”问题多，尤其是一些知名在线旅游、网约车平台。各路网友纷纷爆料自己被“杀熟”的经历，口诛笔伐，控诉不良企业和商家。实际上，这个词背后所反映的现象或许已经存在多年，但作为老用户，往往使用频率高，产生了一定的依赖感，加之其高度的隐蔽性和复杂性，就少有人怀疑。近年来，随着监管部门出台了相关规定，特别是十三届全国人大常委会第三十次会议上表决通过的《中华人民共和国个人信息保护法》，明确禁止此类行为后，“大数据杀熟”相关话题的热度又大幅上升，从中亦可见热点事件对于流行语扩散的强大助推作用。

大数据算法本应是为了人们更高质量的生活而设计的，企业和商家利用高新技术追求盈利本无可厚非，但凡事必须有个底线。以诚信为本，才能名利双收。相信“大数据杀熟”这种乱象经过长期治理，最终能成为过去，也希望不久的将来，这个词语从我们的视野中消失，不再流行。

万能公式

万物皆可“盘”

朱玲奕

“盘他”是一个非常神奇的词，无论是物品还是活人都可以被“盘”，堪称“万物皆可盘”。

“盘他”也写作“盘它”。“盘”原是文玩圈的术语，指的是通过人体皮肤与文玩之间的反复摩擦，使得文玩表面更加光滑有质感。除了盘文物以外，还有为中老年人喜爱的盘核桃。据说在手里转两个核桃能够刺激手掌上的穴位，盘核桃于是成为一些中老年人修身养性、祛病延年的一项活动。

“盘他”的流行源于德云社相声演员孟鹤堂、周九良两人合作的相声《文玩》。孟鹤堂说到周九良父亲喜欢盘各种东西，从核桃、家具到汽车、狗等等，他还模仿老人家的口气说了一句：“干巴巴的，麻麻赖赖的，一点都不圆润，盘他！”在这里，“盘他”的使用结合孟鹤堂夸张的表情，可以说“笑果”十足。

“盘他”的大范围走红则发生在抖音平台上。在抖音上，先是有视频主发表了“甭管他什么东西，盘他”这样的搞笑宣言，之后在很多评论区都可以看到类似的句子。网友们的“盘他”不单在口头上，还表现在具体行动上。网上一场以“盘他”为主题展开的创意大比拼中，大家纷纷发表与“盘”这一行为有关的照片或视频，其中有盘雪球、盘煤炭、盘仙人掌的，还有盘仓鼠、盘熊猫甚至于盘别人光头的。可以说，只有你想不到的，没有他们盘不到的。大伙儿用实际行动为那句“万物皆可盘”做了生动注脚。

与此同时，“盘他”一词在流行的过程中，其含义也发生了不小的变化。

“盘”原本是一个动词，体现的是自我与他者之间的一种互动。这里的他者即“盘”的对象，一开始多是自己喜欢的东西，如自己的文物、猫狗等。因此，“盘他”的使用常常会带有说话人对某一事物或人的喜爱之情，喜欢到想要将其捧在手心里反复把玩，具体含义则会随语境的不同发生改变。例如，在“这件裙子双11打折，盘它”中，“盘它”的意思相当于“买它”；在“这姑娘真好看，盘她”中，“盘她”相当于“和她搭讪、交朋友”。

但在实际使用过程中，被拿来“盘”的对象也不一定就是自己喜欢的。有的时候，“盘他”中的“他”也可以指代不好的事物。究其原因，或许是因为盘文玩时有捏、搓、揉、压等各种动作，从而使得“盘他”产生了“弄他”“怼他”“杠他”等引申义。评论者用“盘他”表达对某人某观点的不满，这在网上一些评论区中经常能够看到。

此外，“盘他”还经常用于表示“搞定某件事情”“解决某个问题”。例如，有一则新闻标题，“森林起大火，连烧2天扑救困难，消防员怒喊：兄弟们，盘他！”这里的“他”具体指森林大火，“盘他”指的是努力扑灭大火。

再如今年高考前，某高中挂出的横幅上写道：“万物皆可盘，高考，盘他！”这里的“他”指代抽象的“高考”，“盘他”也就是成功挤过高考独木桥，在千军万马中脱颖而出的意思。

那么，“盘他”何以如此受大家青睐呢？

我们认为，“盘他”一词的流行，一方面是受到网络使用者普遍具有的游戏心态的影响，另一方面则和它独特的表现力密不可分。无论是现实中存在的物、人，还是抽象的概念、事件，在和动词“盘”结合后无一不变得鲜活可感。

万物皆可盘。今天的你是“盘他”，还是被盘了呢？

万物皆可“嗑”

丁 颖

当你沉浸在电视剧剧情中，你钟爱的两个人物开始频频互动，你是否会激动地打下“我嗑到了”的弹幕？当你的偶像发布一张新的海报，你沉浸其中无法自拔，又是否会发布“我好嗑他的颜”的评论呢？网友们对于“嗑”这个词，应该无比熟悉，毕竟万物皆可“嗑”。

嗑，是一个形声字，从口，盍声，本义与“口”有关，《新华字典》上解释为“上下门牙对咬有壳的或硬的东西”。在“嗑”字风靡网络前，常见的用法有“嗑瓜子”。但古往今来，“嗑”的对象都并不仅限于“有壳的或硬的东西”。《易传》中有“颐中有物曰噬嗑”“噬嗑，食也”的说法。《儒林外史》第三回：“我一天杀一个猪还赚不得钱把银子，都把与你去丢在水里，叫我一家老小嗑西北风。”这里的“嗑”都与“吃”的含义基本一致。

后来，在毒品交易中出于隐蔽性考虑，黑话“嗑药”产生，最初特指在舞厅等娱乐场所吃摇头丸等毒品。此处的“嗑”也是“吃”的意思，但在此意义上增添了“好这一口”的隐含义，凸显了毒品让人神经迷乱、成瘾难断的作用。

随着“嗑药”一词的流传，网友们借用“嗑药”中“嗑”的隐含义创造了一些网络词语，最著名的就是“嗑cp”。“嗑cp”的“嗑”并不是“吃”的意思，而只取“嗑药”中“好这一口”的隐含义，指的是“cp”爱好者们如同“嗑药”一样上瘾。cp，即英文中的couple一词的缩写，原义是“情侣、配对”。“嗑cp”一词就用来形容粉丝非常喜欢自己支持的荧屏或小说中的情侣。该词最早出自动漫圈，近年来cp所指称的配对对象也越来越多元。只要两个人物相处时的情形让粉丝们觉得很甜，那就可以作为被“嗑”的对象了。从动漫角色到银幕情侣，再到综艺节目上“甜蜜互动”的明星，这些都已经变成粉丝们“嗑cp”的对象了。

不但如此，可“嗑”的cp对象依然在扩张。2020疫情期间，在雷神山和火神山医院火速开建的过程中，无数网友化身“云监工”，在观看直播的同时，嗑起了“挖掘机天团”的cp：恩恩爱爱的两只“小黄”，“办公室恋情”的“白滚滚”……“嗑cp”之后，“嗑颜”一词也成功流行起来。当你深陷明星的颜值无法自拔，你便能深深感受到“嗑颜”的快乐了。

现在，你是不是已经迫不及待想要拿起手机体验“嗑”的快乐了？别急，让我们再来检查检查你是否真正懂得了“嗑”。回想一下，你是怎么读“嗑cp”这个词的，“嗑”是念“kē”还是读“kè”？我们做过一个小调查，念两种不同读音的人数竟不相上下。

在现代汉语中，“嗑”为多音字，有两个声调，一是阴平，一是去声。阴平“嗑”意思为“多话”，北方方言词“唠嗑”即取此义。去声“嗑”即上文所说的“上下门牙对咬有壳的或硬的东西”，常直接作

“吃”使用。根据上文对“嗑cp”一词的追根溯源，我们认为此词中的“嗑”来源于去声“嗑”，所以，此处的“嗑”也应该读去声。

“嗑”的学问，三言两语难以道明；“嗑”的乐趣，亲身体会方可了然。在工作劳累了一天之后，拿起手机，靠着“嗑cp”“嗑颜”给自己回血，每个人选择用不同的方式体验着网络带给自己的快乐。

万物皆可“拿捏”

李梦阳

前段时间，微信里一个“拿捏了”的表情包火了。这表情包就是一个简单的手势加上“拿捏了”三个字，瞬间刷屏了。其实我们对“拿捏”一词并不陌生，但是随着表情包的广泛流传，在网络语言中，“拿捏”一词含义渐渐延伸，体现出一种“万物皆可拿捏”的态势来。

在汉语中，“拿”和“捏”作为基本动词，在我们生活中使用得很多，用来表达“用手抓住或夹住某一物体”的意思，比如“拿一双筷子”“捏捏脸蛋”。后来，“拿”和“捏”被放在一起，组合成“拿捏”一词，通常用来表示“把握、掌握机会”之意，如长辈们常常会提醒我们做事情要“拿捏分寸”“拿捏时机”，所含的情感色彩并不强烈。但是随着“拿捏了”表情包的快速传播，在网络语言中，“拿捏”一词被广泛运用，网络上几乎所有事物都可以被“拿捏”。具体来看，主要存在以下三种用法：

其一，“拿捏”一个人，表示对这个人的完全控制。有时用在情侣关系中，比如视频网站上的许多美妆博主，以“学会了这个妆，把男朋友拿捏得死死的”为题，来吸引女生的关注。一个精致妆容就能让男朋友更加喜欢自己，这里的“拿捏”就体现了一种积极的吸引、主动的控制。有时，“拿捏”一个人，还可以表示对一个人的了解。比如在人际关系中，我们往往用“拿捏领导”“拿捏同学”来表达自己对他们的熟悉程度。

其二，“拿捏”一个活动过程，表达对这个过程的节奏调节得很好。就像在球赛中，当场上形势一边倒的时候，解说员就会说“×××已经完全拿捏了这场比赛”，这里“拿捏”就体现了球员对比赛的把握，胜券在握。有时我们还可以说“拿捏一场讲座”，此时“拿捏”就体现了演讲者对场面的调节能力很好，完成了一场精彩的讲座。

其三，“拿捏”一种环境气氛，是指营造一种身临其境的感觉。比如在网络上，一些商家为了售卖节日装饰的物品，就会以“圣诞节快到了，氛围拿捏起来”等作为广告词，为还没来到的节日进行预热。

以上三种用法，体现了网络语言中大家对“拿捏”对象的全方位扩展。此外，我们还常常听到“被拿捏得死死的”这样的被动用法，这通常用来表示表达者心甘情愿地被深深吸引和控制的情绪。比如迪士尼新推出了一个卡通形象“玲娜贝儿”，姑娘们直呼：“被拿捏得死死的！”由此来表达自己被玲娜贝儿可爱形象深深吸引的心情。

网络语言中，“万物皆可拿捏”的词句使用让我们的语言轻松活泼。希望大家不管是在网络还是现实生活中，都能做一个“拿捏”万物的人！

蹲——网上守候新形态

王梓茜

在当下社交平台上，有一个很有传染力的字——“蹲”，点开热帖的评论区，整整齐齐一列的“蹲”字，实在让人无法忽视。让我们来一起看看网友们到底在“蹲”什么。

“蹲”本来是一个极具生活化气息的动作，两腿如坐，双臀不着地，后来也用来比喻“呆着或闲居”。然而在网络的娱乐氛围中，用“蹲”来表现等待获得某些信息，动作色彩强烈，但过程艰辛又狼狈，是网上常见的搞怪、诙谐的表达方式。

经过分析，网络上大致可分为三种“蹲”法。

蹲法一：求知型。在分享照片的博主评论区里“蹲”器材型号，在分享家装的博主评论区里“蹲”各种家居品牌，在分享日常生活的博主评论区“蹲”文章中出现的咖啡店……这样的“蹲”法最为常见，是简单的问答模式，也常常会引来博主本人一一解释，或者有其他了解的网友会帮助你解答。简明、扼要是求知型“蹲”法的特点，网友们见到这些疑问，必定知无不答，答无不尽。

蹲法二：后续型。这种蹲法常见于作品正在连载中的画手或者作家的评论区。此时的“蹲”是一种关注和肯定的表现，表示“我已经看完了，期待后续进一步更新内容”。在创作者看来，这种“蹲”

也是一种激励和敦促。或者是一些博主喜欢随时分享发生在身边有趣的真人真事，广受网友喜爱和关注。这个时候在评论区逢帖必“蹲”的网友，等于是用发帖行动在告知大数据自己的阅读喜好，希望将来可以继续在主页上被自动推送相关内容。

蹲法三：全网求助型。这类网友抛弃了在相关评论区内发帖的传统等待模式，而是自己直接发文，标题模板一般为“全网蹲××”。这往往是面向广大网友的求助帖，求助的内容无法归类，丰富多样：有偶然见到一个电影截图，“全网蹲电影名字”；有地铁里遇见一本书，只拍到封面，发到网上“全网蹲书名”；有生活中遇见尴尬的事情，发到网上，希望“蹲”一个解决方案……令人印象深刻的是，在2021年10月1日的天安门广场升旗仪式上，有一个女孩与一群相互不认识的人热情自拍，但是当时没有来得及互相分享照片。随后她将照片发到网上，“蹲”照片中二三十位一起拍照的陌生人，竟然在短时间内全部凑齐。

至于为何要“蹲”，我们有一些粗浅的分析。在网络的陌生环境中，一些生活中不甚方便或难以开口去主动问询的事情，在非面对面交流的互联网上，询问和求助变得更加简单了。从网络的传播来看，一个人“蹲”下了，只要有一位好心的网友回复了其等待的内容，那么随后有同样需求的网友就无须再花费时间询问。这是一种网上独有的互动，打破了日常生活中一问一答一得的方式，转变为一问一答多得或一问多答多得的独特互联网体验，真正让网络生活变得互联和共享。

另类“大写”

徐 瑞

我们都知道，日常生活中书写重要金额的数字时都需要进行大写。这种大写是为了对重要数字信息进行技术规范，防止篡改数据造成经济犯罪或财物纠纷。对数字的“大写”实际上是一个用复杂汉字代替简单汉字的过程。然而除了大写数字，生活中却还有另一种“大写”活动。“做人就要做一个大写的人”“进错了厕所，真是大写的尴尬”，这些直接涉及表达的“大写”又是怎么一回事呢？

“大写”当然不只是把字写得大一点。1903年高尔基写下了著名散文诗《人》。这首诗思想上揭示了人类与宇宙、自然的关系，形式上还把俄语“人”一词统统大写，用来表示一种理想化的人格。于是“大写的人”便很快在俄语区成了一个十分流行的短语。20世纪50年代，该作品传入国内。然而，和拼音字母不同的是，方块的汉字并非对应成组、区分大小写的字符。汉字不能进行相应的“大写”操作，诗歌中的“人”字便难以处理。但俄语短语“大写的人”已经成了一个常见的习语，于是，翻译时一方面不改动诗歌中的“人”，另一方面直接引进“大写的人”这一概念。如此一来，“大写的人”便随着诗歌风靡起来，使得人们开始争相模仿。流沙河的《理想》就是一个很好的例子：“平凡的人因有理想而伟大，有理想者就是一个‘大写的人'。"

因为"大写的"是一个强调理想化人物的褒义词，所以大家便开始扩大了它的修饰范围。20世纪90年代，《人民日报》就多次使用"大写的"来修饰理想而美好的事物："大写的民族""大写的城市""大写的好材料"……这样的例子比比皆是。渐渐地，"大写的"也可以修饰理想化的美好事物了，并一度成为具有文化内涵的强调性褒义词，常见于相对严肃的文本中。

近年来，"大写的"再次走红，网友们让它以另一副姿态走入了网络交际的世界中。有的强调美好的人、事、物："猫咪居然会说话，大写的萌啊""男神大写的帅把我迷得神魂颠倒"；有的则居然被用来强调负面情绪："粪车爆炸的场面简直是大写的恶心""舍友跳舞滑倒真是大写的活该"。更有甚者，直接将"大写的"与低俗讳词连用，形成极致的消极表达。这些反面用法似乎与"大写的"原本形容美好事物的功用大相径庭。

如今的"大写"已经是一种强调的表达方式，它的实在意义被渐渐转移，使得"大写的"成了一个与众不同的强调词。"大写"虽然放大了日常交际的话题焦点，放大了修饰使用的范围，却缩小了原本深刻的文化内涵与理想的崇高赞美。

声势浩大的“国民”浪潮

姜欣幸

当下流行的“国民××”这种说法，最先兴起于韩国。韩国偶像文化盛行，娱乐圈中知名度比较高的明星大多会获得一个“国民××”的称号，比如“国民妖精”“国民前辈”“国民妹妹”等等。这一形式应用到中国之后，适用范围逐渐扩大——从“国民老公”“国民媳妇”到“国民岳父”“国民儿子”“国民闺女”，我们集齐了“国民”一家人；“国民床单”的走红带动了“国民”家具和日用品的发展，一连串的“国民冰箱”“国民手机”甚至“国民门帘”纷至沓来，“国民”标签在贴遍家庭成员之后，也占据了家装用品的一条龙市场；除此之外，“国民校花”“国民男神”“国民初恋”的出现，无不证明了“国民”标签的风靡。

根据词典的解释，“国民”最初指一国或藩封所辖的百姓，近代以来指具有某国国籍的人，即该国公民。然而，随着“国民××”浪潮的席卷，“国民”的意义悄然发生了变化。一条橘红底色、牡丹花图案的床单被发布到微博之后，网友们的旧日记忆被纷纷唤起，大家发现这样的床单在以前几乎每家都有一条，于是这条床单被亲切地称呼为“国民床单”，即大多数人非常熟悉的、曾经用过的床单；演员海清因为在电视剧中多次出演善良贤惠的家庭主妇，被网友冠以“国民媳妇”的称号，指大家都喜欢的媳妇。在这些“国民××”的模式里，“国民”的意义已经不再指一个国家的公民，而是指“被大多数人接受和欣赏的、公认的”。观察之后不难发现，“国民”新意义的产生并非另起炉灶，其原始意义“具有某国国籍的人”中暗含了一个意义，即：数量庞大的群体。“国民”的新意义就是以其原始意义作为基础，保留了其中暗含的“数量庞大的群体”之义，然后将意义进一步扩大为“被大多数人接受和欣赏的、公认的”，运用在“国民××”的结构中，作为定语，对其后的“××”起到修饰作用。

“国民××”在使用和传播过程中意义还发生了进一步的演变。与在“国民媳妇”中表示“被大多数人喜欢的”不同，在有些情境下，“国民”这个前缀已经完全脱离了其本来的意义，变成了对品质的认定和宣传，比如商家使用的广告词。以手机为例，中兴、海信等品牌都在其手机广告中称自己的产品为“国民手机”，“国民”在此处的意义从“被大多数人接受和欣赏的、公认的”变为了“高品质的、好的”，用来宣传自己的产品。与此类似，一些娱乐活动的通讯稿常常会把寂寂无名的艺人宣传为“国民××”，这也是同样出于对艺人和活动的宣传需要。在这个过程中，“国民”的意义不断虚化，脱离原来的意义，变成了“优质的、好的”。

“国民××”这一说法为什么经久不衰？首先，它暗合了互联网时代人们表达夸张化的需要。由于网络时代信息爆炸，要想在万千信息流中引起别人的注意，有时候不得不采用一些夸张的表达方式。“国民××”的出现，恰好满足了这种表达需求。其次，四字词语是网络语言偏爱的一种形式，比如“良心卖家”以及之前流行过的“喜大普奔”等等。与之类似，“国民××”这个四字词语生动新颖，读来朗朗上口，同时又可以用来做总结，适合运用在新闻标题中，可以传入主流媒体，是一种便于传播的表达方式。此外，“国民××”能够用最简洁凝练的方式表达更多的意义，人们使用它的时候方便快捷，省时省力，这也使得它在日常交流中的使用率大大提高。

“国民××”从在中国出现开始，使用率不断提高，目前已经基本变成一种相对稳定的表达方式。“国民××”内部有词义演变的理据，可以说是网络时代语言发展的具体表现，也是我们的语言随时代发展的一个小缩影。

“魔性”的魅力

代雨薇

“老弟，你这笑声太魔性了！”我正感叹之时，妈妈忽然转过头问：“什么是魔性？”对啊，当我们已经不自觉地在运用“魔性”的时候，魔性到底是什么呢？

“这个人太魔性了！”“魔性表演”“魔性文章”“魔性音乐”这些形形色色的魔性在不知不觉中就涌进了我们的生活。一些报刊的标题也会用上“魔性”一词：“‘魔性’的吸引力就是创新的魅力”“这雷欧舞太魔性了！”“魔性口音，笑料不断”……“魔性”一词就这样静悄悄地走进我们的生活，却声势浩荡地引发了一场“魔性”爆炸。

原来，“魔性”一词专门用来形容人、事、物古怪又不乏趣味，而且富有感染力。“魔性”这个词一开始看到的时候很难被大家接受，过一段时间后就会感觉还不错，最后还开启了洗脑模式广泛传播，“魔性”这个词的“魔性”在哪里呢？

“魔性”早在2014年已经出现，但是并未流行。获得人们的认可是在近些年，并有逐步蔓延之势。“魔性”一词慢热也有其原因，“魔”这个语素总会带来贬义的联想。“魔”是梵语“Mara”的音译简称，汉语本没有“魔”字，开始翻译佛典时，人们只好借用“磨”字来表示，后来才用了“魔”字。佛教把一切扰乱身心、破坏行善、妨碍修行的心理活动均称为“魔”。从与“魔”搭配的词语中我们也不难发现贬义的联想，如魔鬼、魔怪、病魔、魔头等等。这让人们在使用魔性这个词时有了一定的顾虑，不了解“魔性”一词网络含义的人群也很容易将它作为一个贬义词来看待。

但是，“魔性”在当下又怎会“咸鱼翻身”，如此受宠呢？原来，“魔”在《汉语大词典》中还有另一个释义：神秘、变幻难知的。人们抓住了这个解释的根源将“魔性”一词“发扬光大”。在这个义项上，我们也能发现很多有趣的词语：魔法、魔力、魔幻等。这些词让“魔”带上了一种神秘而令人向往的色彩，你看哈利·波特的魔法成为多少少男少女的梦想。上海被称为“魔都”也是“魔”的褒义应用。上世纪20年代，日本作家村松梢风来到中国，他看见中国的租界和县城共存，并且两者之间的文化相互渗透、相互冲突，使得上海成为一座“兼容”的城市。这些奇特的现象，都可以用“魔性”一词来概括。看来，“魔性”一词早已在我们的生活中埋下了种子。

现在，人们用“魔性”表达对某人某事的惊叹、惊异之感，这种形容中更多地包含了调侃、娱乐之意。“魔性”的魔力在影响着人们的生活：“尽情扭秧歌魔性洗脑”“魔性舞步演绎‘走路洗衣机’正确操作”“魔性健康歌嗨翻全场”。这些魔性的人用魔性的事让我们的生活也因为魔性而充满快乐。

尽人皆知的“密码”

陈亦鋆

日常生活中，我们对密码并不陌生。它每天保护着我们的银行账号和个人信息等，发挥了“口令”的认证作用。另一方面，“密码”充满着神秘色彩，作为“加密算法”活跃在各种破译与反破译的传说中。有时，“密码”又见于一些文学化的表达，如“故乡的密码”“古诗词的密码”“美味密码”等，这里表示的是“对人保密的关键因素”。

在网络语言上，“密码”同样有着丰富的用法。首先是“财富密码”，主要沿用了“密码”的“口令”含义，指打开财富宝库的口令，即获得财富的关键。得益于形象生动的表述，“财富密码”早年就常被用于理财读物的标题中，诸如《××人生的财富密码》《解密××的财富密码》。随着自媒体行业与流量经济的兴起，“财富密码”被网民借以表示发布者所使用的、利于赚取目标群体流量或支持的创作要素，这里的“财富”就不再限于投资理财中流通的金钱，而泛指网络中可变现的各种资源，如粉丝量、关注量、点赞数等。

网络上曾流行一类视频，内容是外国人对着镜头说“我爱中国”，一开始吸引了很多网友关注。当这种拍摄模式泛滥到一定程度，“我爱中国”和外国人的组合，就被认为是视频创作者的“财富密码”。类似被贴上“财富密码”标签的创作要素，还有抄袭与反抄袭、精神疾病、网络暴力等。由于部分自媒体过于功利地使用“财富密码”，不惜以夸大甚至欺骗的方式进行炒作，直接干扰了正常的网络创作环境，所以在互联网语境中，“财富密码”通常具有讽刺或质疑意味。

“财富密码”流行于网络后，网民创造性地从中提炼出“××密码”的格式，并搭配产生了“流量密码”“收视密码”“热评密码”“涨粉密码”“爆款密码”等组合。一般来说，这一格式可以理解为“使用后能够获得/提高/成为××的关键秘密”。同时，或许是出于“××密码”天然与自媒体的浪潮密不可分的关系，五花八门的修饰语背后，始终隐含着各种主体对网络存在感以及影响力的追求。

同样妙用了“密码”含义的，还有短语“密码正确”。它主要存在三种用法：其一，用于调侃影视或动漫作品中，某个人物因三言两语便产生重要思想转变的情节。比如配角从小感到自卑，主角却夸赞他有“出色的才能”，寥寥数语就使配角受到触动，迅速投入主角阵营，这时弹幕便会称主角“密码正确”。其二，表示创作内容的某要素对自己有吸引力。例如广受欢迎的央视记者王冰冰，在她走红后吸引了一批网友去看她所出现的电视节目，每当她出现在节目中时，就会有网友戏称这档节目“密码正确”，表达自己为支持王冰冰而心甘情愿“上钩”的心情。其三，用来暗指内容发布者使用了有效的炒作手段，通常具有贬义色彩。这个用法类似于“财富密码”，但相比而言“密码正确”没有明确地指向“财富”，因此使用也更自由。

有趣的是，当“密码”被道破，失去其最可贵的保密性，又如何能称之为“密码”？也许，高质量有巧思的内容本身，才是动人心扉的真正“密码”。

关于“上头”那些事儿

沈可轶

一晚上能刷八集！这部韩剧实在上头！

凭本事荣登年度美食榜第一！这家川味火锅店真是太上头了！

几百岁的故宫还是这么上头，竟引一亿“90后”上线敲门。

看看近期朋友圈、微博及娱乐资讯，“上头”这个词开始频频出现，成为现代社会人们表达某种日常情感的词语之一。通过这些网络新闻标题来看，让人“上头”的对象似乎带有一种让人神魂颠倒、欲罢不能的魔力。

“上头”这一网络用词来源于竞技游戏“魔兽争霸”，原指游戏玩家在游戏中击杀一定数量敌人后本可以见好就收，却因追求胜利快感继续战斗，最后反而被“杀”。2019年7月，热播电视剧《亲爱的，热爱的》主演李现拿着写有“太上头了”四字的折扇，在微博上公开发表照片，“太上头了”一时之间成为当时的热门用语，此时“上头”的意思已经用来表达某一事物所引发的过分冲动、激动、兴奋乃至难以自控的情绪。该电视剧热播之后，甚至还产生了一定数量的女性粉丝，因为被剧中的美好桥段感动，兴奋到无法停止，被戏称为“上头姐妹”。

其实从语源学考证，“上头”这个词并非近年才出现的新词，而是早已有之。《现代汉语词典》（第7版）中就收录了“上头”（这里的“头”声调为阳平，不是轻声）：“指喝酒后引起头昏、头疼。”这一传统义项至今仍然活跃在我们的语言世界中，如“好酒不上头”。从该义项可以看出，“上头”所指的头昏、头疼实质上是一种负面的生理状态，而热衷于某游戏、明星、影视作品所产生的“上头”感受则往往用于表达粉丝们兴奋、愉悦的心情，这里不仅有生理反应向心理情绪的变化，而且发生了一个贬词褒用的过程。那么这种头昏头疼的生理状态与激动兴奋的心理状态为何会被联系到一起呢？

语义变化的中介物就是“酒”，“酒”这样东西对丰富人类语言内涵做出的贡献着实不小，类似的语言现象早已有之。2014年，一句“我也是醉了”红遍大江南北，网传该金句可以追溯到金庸先生笔下的令狐冲身上：“我一看到别人的谄媚样，就浑身难受，摇摇晃晃几欲醉倒。”“醉了”与“见人谄媚”都让人难受，于是就在生理和心理状态上建立了关联。同理，“上头”本是由醉酒引起的，但是其他刺激物也可以像酒一样让人过度兴奋，于是“上头”就变成受到刺激后大脑“难以自控”的状态，具有了更宽泛的意义，同时也不再表示负面状态。这种义项扩大本质上也反映了一种隐喻认知，在这种认知方式下，刺激点能够从酒精扩大到一切让人产生兴奋情绪而不愿停止的人和物上，如“今年秋季新款穿搭已上线，第一眼就上头！”此时引发上头的已经不是“酒”，而是“新衣服”，导致的也不是“头昏头疼”，而是“爱到神魂颠倒”。

此外，“上头”在句子中的完整表达应该是“这首歌真让我上头”，在运用时，该句往往会省略为“这歌太上头了吧！”这种更加自由、灵活、新颖的语句搭配方式同样为“上头”增添了活力。

从饮酒“上头”到追剧“上头”、听歌“上头”、读书“上头”，体现的是人们不断丰富的精神文化追求。

今天，你实现“自由”了吗

何 婧

不少应季水果价格居高不下，网友们纷纷表示“水果自由”正在离自己远去，“车厘子自由”“草莓自由”“荔枝自由”成了人生追求的重大目标。然而一波未平一波又起，正当水果价格有些许回落的时候，频频出击的“雪糕刺客”又硬生生把广大网友逼成了段子手：“别靠近不认识的雪糕，会变得不幸”；“本想买个清凉，却被价格搞了个透心凉”；“生活就像一个冰柜，你永远不知道下一个雪糕多少钱”。高昂的物价让人不禁感叹：今天，你实现“自由”了吗？

此处的“自由”并非西方语境中的通过革命获得解放，如同自由女神手中高举的火炬象征着反抗专制的崇高理想，也不是现代政治中诸如人身自由、言论自由等法律所赋予公民的活动权利。胡适在《自由主义》一文中写道：“‘自由’在中国古文里的意思是‘由于自己’，就是不由于外力，是‘自己作主’。”传承自古代，我们今天追求的“自由”与日常生活息息相关，是指收入可观，消费不受限制和约束，想吃什么就买什么，想买多少就买多少。可以随心所欲地出入水果店而不用看价格标签，不会因囊中羞涩而对“素昧平生”的雪糕望而却步，我的消费我做主。

事实上，早在“水果自由”“雪糕自由”风靡网络的前两年，就有网友将财务自由从低到高分为了十个阶段，如："菜场自由"——能够把自己爱吃的瓜果蔬菜、鱼蛋肉奶全部放进篮筐而不用费尽心机去砍价。"旅行自由"——能够随意买一张机票，几小时内就能抵达向往的彼岸，无论去哪儿都能住最高级的酒店。"买房自由"——别人想的是如何贷款，自己想的是选什么样的户型；别人想的是如何最划算，自己想的是在什么城市买房最适合居住；别人用几十年奋斗的钱买一间房子，自己可以当下就付全款。

今天，"自由体"再次进入我们的视野不无道理。一方面，近年来的季节性涨价使一些生活用品贵得离谱；另一方面，追求高品质生活的消费升级也在层层加码。值得注意的是，网友们调侃的着眼点已由车、房缩小到了水果、雪糕这样的食品——"吃的不是水果，是贫穷"，"吃水果这种不良嗜好，还是趁早戒了好"，"雪糕是什么味道，我已经快忘了"……其实网友口中的"穷"与真正的贫穷存在着一定的差距，其中更多的是面对生活压力产生的失落感，透露出自嘲与戏谑的心态。他们在微博上晒出一颗打了价码的车厘子，举着一根老冰棍在朋友圈炫耀，在开放的网络环境中通过吐槽和互动释放着压力，获得参与感和群体身份认同，这就形成了和"吃土""隐形贫困人口""贫穷限制了我的想象力"等流行语遥相呼应的网络词群。

面对物价对钱包的挑战，我们不能在一味的调侃中迷失方向，而是应该量力而为，保持理性的消费态度，不为盲目跟风追求超出个人承受能力的消费。同时，我们也应该以之为奋斗的动力，努力提高收入水平，争取早日实现各种"自由"。

“宇宙的尽头”在哪里

陶馨妍

人生的目的是什么？我从哪里来，要到何处去？宇宙的尽头在何方？……这些问题，会出现在人类的遐思中，也会出现在科学家、哲学家的研究课题里，答案似乎很遥远很深奥。但是，在脱口秀演员李雪琴的演出中，“宇宙的尽头”有了一个答案：铁岭。

这个回答原本只是脱口秀表演中引人发笑的段子：在表演中，李雪琴说无论她遇到什么事，她的妈妈都一概建议她回家乡铁岭，就仿佛铁岭是宇宙的尽头一样。当然，妈妈想表达的意思其实很简单：家乡是永远的归宿。然而此后，“宇宙的尽头是××”这个句式在各路网友的加工之下，却逐渐成为了一个万能句式。

“宇宙的尽头是编制！”看到有些企业裁员而公务员职位稳稳当当，人们一边刷着公考题目，一边感叹道。这背后有一种调侃的心情：铁饭碗是许多人难以拒绝的职业选择，无论在人生道路上遇到了何种挫折，只要拥有了编制，那么恭喜你，已经身处宇宙的尽头，完成了最终目标。

冬奥会期间，冰雪项目火爆异常，许多人都跃跃欲试。但是滑雪运动是有风险的，一旦失误就很可能造成骨折，因此过来人发出了忠告：“雪道的尽头是骨科！”在这一句中，只保留了原句的“尽头”，替换了句头和句尾，但表达的意思与原句相差不远，也是在揭示两个看似不相关的词语之间的必然联系——你滑雪，你摔倒，你就会进骨科。同时，“雪道”的替换更是使句子的空间递进富有逻辑：雪道的确是长长的一条，也的确有尽头，只不过在这个句子的条件下，它不仅是物理意义上的“尽头”，更是因果意义上的“尽头”。

刷短视频的时候，因为一个有趣的开头而关注接下来的发展，看到最后竟然是植入的广告——原来“短视频的尽头是直播带货”！如同“科学的尽头是魔法”“物理的尽头是数学”“互联网公司的尽头是网贷”一样，保留“××的尽头是××”这个句式，套入任何符合说话者表达逻辑的内容，这个句式不仅局限于它最开始的意义，而且能够随着语境的改变而改变。一些本来显得深奥的问题在当代网友的调侃下拥有了离奇的“答案”，这种荒诞的落差感中往往包含着说话者朴素的现实诉求，也就是对于“答案”的曲折诠释。

对所有这些句式进行归纳，其底层含义就显现了出来，即我们对“最终归宿”的判断。人们似乎很想要得到某种过程的结果，就连宇宙都要有一个清晰明白、可以被定义的尽头，在这句话被说出口的时候，“尽头”可以是目标，也可以是结局，它可以很远，但它不能不存在。

从社会心理上看，这种语言现象体现出当下年轻人笼统归因的倾向，实际上还是一种群体迷茫的表现——正因为不知道该往何处去，才想要归纳出一个正确终点。但这又不是一种正儿八经的回答，同一个句式在一次次的填充之下分化出各种不同的用法，但其内核始终带有出人意料的调侃意味，这也用幽默精神部分化解了迷茫和无奈。这正是它得以流行的秘密所在。

“红红火火恍恍惚惚”
——笑与虚无

陈至远

几年前，有个懒惰的网民看到了很好笑的东西，一边发笑一边用抽搐的手指敲下了八个“h”，可是万能的输入法并没有像他预期的那样弹出“哈哈哈哈哈哈哈哈”，而是显示了“红红火火恍恍惚惚”。于是这个由于输入者的懒惰和输入法的智能而创造出来的网络新词便一炮而红，在微信朋友圈、QQ空间等评论区频频登台亮相，并有了相当长的“保质期”，沿用至今。现在，对于装有智能输入法的系统来说，对有趣的消息进行评论，都可以敲八个h方便地找到“红红火火恍恍惚惚”。

单从字面上理解，这个网络用语是两个看起来毫无关联的成语的拼接，然而值得注意的是，这并不是人为的拼接，而是输入法在其内部算法支持下的机械拼接。也就是说，在输入法的算法中，“红红火火”加上“恍恍惚惚”的使用频率是要高于“哈哈哈哈哈哈哈哈”的，这是很值得思考的。

一方面，这折射出我们中国人的用语习惯：表示笑声，一般使用的“哈”字最多重复三四次，但是这种日常交往的习惯是较为保守的，已远远不能满足网络生活中的夸张表达。所以当网民想使用八个“哈”时，输入法就认不出来了，误解为“红红火火恍恍惚惚”。

但是另一方面，“红红火火恍恍惚惚”这个拼接本身也大有趣味。“红红火火”，是对于美好、富裕生活的憧憬，“恍恍惚惚”，是一种神志不清的昏昧状态。前者是理想，后者是现实；前者是场面话，后者是真感受。在时代的洪流面前，个体是无力的、脆弱的，极易被潮流和快节奏的社会代谢搞得昏迷甚至休克。当被问到“你幸福吗”这类问题时，大家都不约而同地回答“幸福”，这是面子，要排在前面。然而自省当下的生活，更多人是“恍恍惚惚”，生活在一种重复的、既定的生活轨道上，或者说生活在一种失去了差异与变化的，因而是无意义的生活模式中。这两个成语组合起来，原来想要表述的竟然是一串“哈哈哈哈哈哈哈哈”的夸张笑声，两者结合的荒诞感觉，与表情包中的“哭笑脸”有着异曲同工之妙的。

“红红火火恍恍惚惚”的出现源于误会，但后来也慢慢接受了构成它的两个成语的意义，词义发生了演变，用来指不知所措的状态。使用者往往用它来表明自己的茫然，并在一定程度上缓解尴尬的气氛。例如你一觉醒来，发现微信群里的成员都在“@你”，你便可以通过这个词来把内心的惊讶、茫然、尴尬表达出来。再如你本来以为无事一身轻，结果无意间打开手机，发现突然被布置了一大堆的工作，这时“红红火火恍恍惚惚”就可以表达出心态的逆转，并在一定程度上帮助你积极地面对。需要指出，“红红火火恍恍惚惚”只能用于程度较轻松的日常场景，在比较正式的讨论中不提倡使用。

趣谈“×了个寂寞”

杜星仪

好累，面试了个寂寞。

谈恋爱谈了个寂寞。

复习的都没考到，感觉复习了个寂寞。

这难道就是热闹了个寂寞？

网络交流中，“寂寞”一词作为口头禅被许多人挂在嘴边，“×了个寂寞”的格式也在网络上流行。这是为什么呢？

在“×了个寂寞”结构中，“寂寞”受量词“个”修饰，用作名词。对“寂寞”一词溯源可以发现，该词主要用作形容词，表示“寂静无声”或者“孤单冷清”。“寂寞”用作名词，并不常见。2009年7月，当时百度贴吧一句“哥吃的不是面，是寂寞”走红，由此，“哥×的不是A，是寂寞”造句大赛开始，该句式迅速流行。在这一格式中，“寂寞”与“不是”后面的名词相对，开始当作名词使用，这为“×了个寂寞”格式的出现奠定了基础。

在格式上，“×了个寂寞”也是对“×的不是A，是寂寞”格式的简化，表现出更强的生命力。“×的不是A，是寂寞”中的“×”和“A”，基本属于动宾短语，如“这看的不是书，是寂寞”“唱的不是歌，是寂寞”等，“看书”“唱歌”都属动宾结构，“×”不存在形容词、名词等的使用情况。而在“×了个寂寞”结构中，“×”不仅包括动宾短语中的动词（“买了个寂寞”），还包括形容词（“热闹了个寂寞”）、名词（“秋天，秋天？秋了个寂寞”），不仅涵盖“×的不是A，是寂寞”的全部应用情况，而且在词性方面表现出更强的自由性，使用更加广泛。

在语义上，“×了个寂寞”主要表达两种意思：

其一，表示竹篮打水一场空，什么都没有做成，常用来描述客观状况。如“选课选了个寂寞”，可能因为网络崩盘、系统破坏等客观因素未能实现选课这件事。又如“现场看无人机看了个寂寞”，可能受现场密集人群、突发天气状况等外因影响没能观览无人机起飞升天的全过程。

其二，表示事情的结果未达到理想状态，不尽如人意，通常透露出说话人的主观心态。如“识谱太慢了，练了一下午琴又练了个寂寞”，也许在旁人看来，这种练习是量变的积累过程，总归有所提升，但是说话人自认为识谱太慢，主观上觉得一下午的练习并无成效。再如，“每天都很忙，也不知道忙了个啥，最后忙了个寂寞”，说话人自认为没能忙出想要的结果，像是空忙一场，但也许在别人看来，说话人的忙碌也是有价值的。

无论是客观表达还是主观表达，其一定程度的夸张都映射出说话人失望、无奈的情绪。

显然，“×了个寂寞”在语义方面高度凝练和概括，稍加改变即可套用，这种新奇简约的表达方式具有网络化、口语化的特征。然而，将复杂的情绪都套用到同一个结构之中，凡有生活不如意，就感叹一句“×了个寂寞”，经济便捷的同时也造成情感表达的简略草率，很难表现出具体的情感内容，这不利于语言的健康发展。网络时代的今天，流行语层出不穷，就像“×了个寂寞”替代“×的不是A，是寂寞”一样，也许一段时间之后它也会被新的表达结构所替代，到时候我们这篇文章也就只能是“写了个寂寞”了。

网语套装

揭秘“网络黑话”

李巧妮

网络语言中一直不乏稀奇古怪的短句，如果你了解它们的由来，体会到它们所传达的“梗”，那么自然可以会心一笑。当然，对此一头雾水、莫名其妙的人也不在少数。那么就让我们来为大家揭开这些“网络黑话”的神秘面纱。

举几个例子：一条微博的言论十分幼稚，漏洞颇多，而下面有一条指正的评论却相当精彩，于是网友A评论说：“同九年，汝何秀？”网友B则回复道：“原博就是个‘九漏鱼’吧，看了真叫人‘冷抖哭’。”

“同九年，汝何秀？”是“同样是九年义务教育，你怎么这么优秀？”的缩写，用以表达对评论作者机智发言的肯定；而“九漏鱼”则与之相反，是“九年义务教育的漏网之鱼”的缩写，用来讽刺对方没有常识。至于“冷抖哭”，这三个字组合起来已经有了相当的画面感了，究其根本是“手脚冰凉，浑身发抖，眼泪不争气地流了下来”的缩略版。

通过这几个例子，相信读者们也大致感受到了这些“网络黑话”的魅力，下面我们总结一下这些特殊缩略语的“打造规律”。

第一，提取原句关键词。

不难发现，这些缩略语是在原来复杂句子的基础上进行了提取概括。如何筛选字词，删去赘余，对于“网络黑话”的形成至关重要。归根结底，就是“取其神，弃其形”六字。以上面所说的“冷抖哭”为例，“手脚冰凉，浑身发抖，眼泪不争气地流了下来”，这句话描述的就是一种状态，因为某件事情的发生而产生负面情绪的身体反应。手脚冰凉，概括起来无非一个“冷”字，浑身发抖是一个“抖”字，流眼泪用一个“哭”字代替，如此这般便将原本冗长的句子变得简洁凝练了。而如若随意选取，则无法达到此种“只可意会不可言传”的奇妙效果。

第二，贴合表达习惯。

这些缩略语不是随意剪裁拼接而成的，它们往往符合现代汉语的表达习惯。

网络缩略语有缩略句和缩略词两种。原话如果是一个完整句子的话，那么将它进行“语言加密”的时候，我们一般不会将其缩写成一个词，而仍然保持其句子的形态。例如“同九年，汝何秀？”这句“网络黑话”里，仍然有主语谓语以及状语，显然是一个完整的句子，我们读起来也是相当通顺的。相同的还有由“我陷入了思考”这句话“加密”而成的“我陷思”，这是一个主谓宾俱全的短句。至于词和短语的“加密”，也符合现代汉语的构词法。例如“九漏鱼”是一个偏正结构的名词，在句子中也可以很正常地当作宾语来使用——“你真是条‘九漏鱼’。”类似的还有“妈见打”(主谓结构的短语)，“冷抖哭”(表示状态的动词性短语)等等。

那么，这些经过“加密”的网络缩略语究竟会有怎样的表达效果呢?

首先,这些网络缩略语大多具有强烈的娱乐色彩,并且通过“浓缩”的隐晦表达强化了原句的讽刺效果。如“我真是冷抖哭”比原句直白的表述更具讽刺意味,被网友们广泛地应用于在一些微不足道的小事上做出的过激反应。

其次,本文将这些缩略语称为“网络黑话”,就意味着“它们”具有一种社群隐语的保密功能。这就在本不熟识的陌生网友之间,形成了一种传递暗号式的默契,隔着屏幕也似有心照不宣之感。

通过本文的解读,相信“网络黑话”已经不再神秘,期待读者们下次与之相遇时,能够会心一笑,共享这份“网络默契”。

i网络热词集合!

刘可欣

“i庆余年集合! 来说说你最喜欢的角色。”你看到第一句话或许会摸不着头脑, 这中西掺杂的句子到底是什么意思? 原来, 这句话应该这样断句: i庆余年/集合! 意思等同于“喜欢电视剧《庆余年》的人们集合!”, 其中“i庆余年”就是本文要讨论的“i××”结构。

“i××”结构的内部属于动宾结构, “i”是动词, “××”是“i”的宾语。“i”其实就是“爱”的谐音表达, 是“喜爱”的意思, “i”后面的宾语成分可以代入任何名词、名词性短语或动词、动词性短语, 共同构成一个新的指人的集合名词“i××”, 表示“喜爱××的人群”。例如“绘画”本来是动词, 加上“i”之后形成的“i绘画”成为一个新的名词, 表示喜爱绘画的人群。

从构词法上说, “i××”结构应用广泛后, “i”逐渐虚化, 成为具有构词功能的词缀, 类似于名词“作家”和“科学家”中的词缀“家”。比如“科学”本来表示一门学科, 加上词缀“家”之后意义改变, 表示研究科学的人; 而如果加上“i”, 变成“i科学”, 意思就变成了“爱科学的人群”。

“i××”结构最早见于网络上的豆瓣小组, 网友把偶像明星的姓名代入“××”，以此指代该偶像明星的粉丝群体，比如王一博的粉丝就称呼自己为“i王一博”。这种表达方式满足了网络交流对便捷性的需要，因此很快流传开来，其使用范围逐渐突破到饭圈之外，从流行文化领域走向普通人的日常生活。“i学习”互相督促勉励，完成学习目标；“i读书”分享读书心得，交流读书感受；“i下厨”爱好钻研厨艺，展示美食和经验。“i××”不仅鼓励个人进步，还凝聚了集体意识。2020年春节期间武汉成为新冠肺炎肆虐的重灾区，不得不实施封城，但是全国人的心都与武汉同在，亿万人民汇聚成“i武汉”为武汉加油、祈福。

“i××”的使用比较随意，毕竟个人喜好的决定权在自己手中，只要是支持某类事物并产生喜爱情感的人群都可以简称为“i××”。有时为了省去输入法中英文切换的麻烦，还会把“××”的部分用拼音或拼音缩写代替，如“iwuhan”。因为“i××”的广泛使用，“i”也不再只是字母表中的第9位英文字母，还产生了“我i了”的用法，“我i了”也就是“我爱了”。

网络交流需要以最快的速度、最简洁的形式表达最丰富完整的内容，“i××”结构正是一个成功的案例。既然你对网络热词这么感兴趣，看来也是“i网络热词”的一名热心成员啊！“i网络热词集合！速速搜集分享你最爱的网络热词吧！”

问答式标题：是标题，也是对话

朱玲奕

在这个互联网极度发达的时代，通过电脑、手机等媒介，天南地北、五花八门的信息都向你扑来。

为了能从信息之海中脱颖而出，成功抢夺眼球，文章标题肩上的担子比起传统新闻标题显得更为沉重，久而久之就形成了文章标题的种种套路。在此之中，就有一种问答对话式的标题。例如：

支付宝改名叫瀚宝，花呗可以不还了？不存在的！（《新闻晨报》2019年1月9日）

联想宁愿放弃5G也不选华为？回应：纯属谣言（《环球时报》2019年3月7日）

99岁的你能干什么？这位老人选择奔跑（澎湃新闻2019年5月10日）

这些标题有着共同的构成形式，即都由前面一个问句加上后面一个与之相关的答句构成，形成了一段问答式的对话。在这些对话中，说话人特别是答话人的身份往往是多种多样的。

一者，答话人可以是作者自己，如标题“《欢乐喜剧人》第6季谁能夺冠？我选孟鹤堂，三点原因给你答案”（大海观娱2020年2月18日），后面答句中的“我选孟鹤堂”表明了作者对于前面问题的主观看法。

二者，答话人也经常是一些权威机构或专业人员，像标题“抽电子烟真的安全吗？世卫组织给出答案”（搜狐网2019年1月21日）中的世卫组织，“68万元能买片海送女友？律师：买的是使用权，拍卖合法”（澎湃新闻2019年5月27日）中的律师等，都是某一领域的权威或代表，在标题中特别点出可以大大增强文章的说服力与可信度。

再者，应答部分也可以是由当事人自己发声，比如标题“穿‘和服’进武大赏樱被保安打？当事人：我爱国，我穿的是唐装”（搜狐网2019年3月25日）。这则新闻讲的是当日下午在武汉大学校园里，大学保安和游客之间发生的一起冲突，其中引用了当事人的话，不仅增强了新闻内容的真实性，同时也让新闻的现场感呼之欲出。

此外，问答对话式网络新闻标题还常常让一向处于屏幕背后的网友们出镜，将网友的评论作为对前一事件或说法的应答。例如“电影院准备复工？网友一致反对：着什么急！”（界面新闻2020年2月24日），该新闻发布于2020年新冠肺炎疫情期间，说的是疫情好转，电影院准备复工，但遭到了网友们的极力反对。此类标题中的网友往往不是一个具体的人，而是普通民众的化身，从普通人的视角观察问题，阐述普通人的心声，因此也更加容易引发你我的共鸣。

更有甚者，还有的在标题中让一些非人角色担任答话方，如标题“地铁修建变‘挖坟’考古？西安：我也很无辜啊”（《人民日报》2019年4月10日）中的西安，又如“数米粒、听风声，又来放风筝式遛狗？狗狗：高空被吊，真的太难了”（腾讯新闻2020年2月18日）中的狗狗等，都以拟人化的形象出现，一问一答之间平添妙趣。

现如今，各类媒体上，问答式标题俯拾即是。原因是多方面的，其中最重要的一点，或许是这样的标题契合了现代人处理信息的习惯，在对信息的接受和传达之间达到了某种微妙的平衡，从而呈现了双赢的结果。

从信息接收者的角度来看，在一切追求快节奏、高效率的今天，碎片化阅读和浅阅读日趋流行。问答式标题先是靠问句吸引读者散漫的目光，再是靠答句托出某部分人对此的应答。与平铺直叙相比，这样的一问一答就像构建了一个多声部的互动场景，鲜活有感染力。

从信息传达者的角度看，问答式标题也有其优势。网媒新闻标题的一大特点在于“题文分离”，即标题与正文处于不同的页面，因而读者无法像阅读报纸那样，将一则新闻的标题和正文一次性尽收眼底。提高读者阅读量对于任何一家网络媒体都是头等大事。尽管问答式标题表面上给出了答案，然而由于字数的限制，加上作者有时故意“语焉不详”，导致标题中应答部分给出的信息量无法满足读者需求。于是在好奇心与求知欲的双重驱动下，读者很多时候还是会乖乖点击阅读正文。

即使知道了这种问答式标题的套路，我们还是会深陷其中。不得不说，这样的标题真是叫人欲罢不能啊。

网络标题中的夸张格式

张赫原

在现实中，日常生活往往是平淡无奇的，然而在网络世界，似乎每时每刻都有大事发生，句句惊叹，处处“震惊”，如：

周末泡汤了！更刺激的是“五一”天气竟……

××人必看！身体发出这些警报，别不当一回事！

看到这些标题，不知你是否有熟悉之感，然而每次满怀好奇地点进去后，却又往往只能发出“嗨！就这呀！”的感叹——大都文不对题，小题大做。它们或是极致夸张、危言耸听；或是故弄玄虚，欲语还休；或是滥用道德绑架，强迫读者做出选择……如此种种，无不体现出当今自媒体新闻标题的夸张化倾向与不择手段提高阅读量的“良苦用心”。

除了这些常见的耸人听闻的格式外，网络新闻还产生了不少专门用来表示极度夸张义的高频用语，我们搜集一些供大家鉴别。

“不忍直视/无法直视”：这类词可以说是最早在自媒体新闻标题中兴起的夸张用语，指那些不能用平常眼光看待或无法正视的事或物，如《震惊！×国不雅视频，让人无法直视》。

“神展开/神转折”“毁三观”“炸裂”：这些词语的夸张体现在词义之中，其构成语素往往就带有极致特征，如“神”“毁”“炸”

等。在这些极致夸张词的加持之下，稍有起伏就是“神转折”，一个表情就可以“演技炸裂”，一经上映立刻“口碑爆棚”……此类用法的泛滥，颇有大惊小怪之嫌。

“大×”：最早的格式为“我大×”，其中“×”为名词，表示对“×”的认同和赞赏，是归属感的体现，起积极评价作用，例如《我大闵行这次被国务院点名表扬了！未来感觉要上天》。近来开始出现“大”后加形容词的用法，如“大震惊”“大无语”等，用来表示极端的情感，后被新闻媒体滥用，如《大震惊！一张照片引发的泄密事件》。

“美哭了”：这类词结构简单，理解起来也十分容易，最常见的用法就是为各种各样的原因而“哭”。它虽然是一个较为老套的表达方式，却仍然活跃于各大新闻媒体的标题中，如《美哭了！太空第一视角看日出日落》。“×哭了”的生命力如此之强，或许也是因为它结构简单、意义直白，在标题中以最少的字数表达最夸张的情感。

“杀疯了”：最早来自电子竞技圈，游戏中选手表现神勇，连续击杀对手，就可以叫“杀疯了”。随着该词的流行，其使用场景也不断增加，并常见于热搜标题。如端午晚会中，河南卫视的水下中国舞《祈》在网络走红，登上了微博热搜，标题就是《河南卫视杀疯了》。可见，虽然“杀疯了”从词义上看颇为暴力可怖，但实际上却是极致性的积极评价，表示对比较对象的绝对“碾压”。

综上所述，标题中的夸张表达主要是通过夸张句式和夸张词语来实现的。如果夸张的要素过多，会让人不明所以，但这也正反映了网络标题的一大特征，即往往不传递有效内容，而是注重渲染一种夸张的氛围，目的在于吸引读者，至于与文章内容的匹配度，并不重要——毕竟阅读量赚到了。然而这种夸张表达的滥用，会造成读者的审美疲劳，甚至是逆反心理。因此新闻作者们还是应多在内容上下功夫，力求把读者“美哭了”，而不是“大无语”。

网络仿拟的妙趣

张湘杰

仿拟是指按照已有的语言表达形式，临时造出新的语言形式的一种辞格，就如同“旧瓶装新酒”。它的模仿对象一般是固定词语或短语，也可以扩大到句子、段落、篇章，甚至语体、风格。根据仿照的对象，仿拟可分为仿词、仿句、仿篇、仿体和仿调。接下来我们就依照这个分类来盘点网络语言中的“仿拟”。

首先，最简短也是走在潮流最前端的是“仿词”。随着选秀节目层出不穷，大家都忙着评选偶像团体里“门面担当”“声乐担当”以及“舞蹈担当”，而到了网友自己身上呢，既然不能歌不善舞，大家就借用“仿拟”给自己安了“饭桶担当”“气氛担当”“倒霉担当”一系列的头衔。游戏用语也是网络用语的一大组成部分，承认自己是“脑残”的朋友很少，但借“脑残”仿拟称自己“手残”的朋友却不少。网友们在给明星起组合名时，常常在两人的名字中各取一个字而后借用谐音仿拟成语，比如王一博和肖战的组合名叫“博君一肖（博君一笑）”，周震南和张颜齐的组合叫作“南以颜喻（难以言喻）”等。此类的谐音仿拟还有抗击疫情中使用的“‘罩’夕相处”“临危不‘聚’”等。

其次就是人们常用的仿句。根据鲁迅先生的“其实地上本没有路，走的人多了，也便成了路”，网友仿拟出了“世上本没有脏话，打游戏多了就有了”，“世上本没有真相，信的人多了就有了”。对于惠子的“子非鱼安知鱼之乐”，网友写出“子非我安知我之乐”。这类对于名句的仿写，往往在幽默之中给自己的语句增添一分理据性。而游戏直播中流传出来的“不会吧，不会吧，不会还有人……”的句式，则引发了一种无厘头搞笑的风潮：在学校里挂着“不会吧，不会吧，不会还有人考不上一本吧”的横幅；在螺蛳粉店门口贴着“不会吧，不会吧，不会还有人没吃过螺蛳粉吧”的标语；期末开玩笑道“不会吧，不会吧，不会还有人没复习完吧”……

至于仿篇、仿体和仿调，由于难度系数较高，在网络语言中的使用就没有那么频繁，但还是不乏优秀的网友进行了高明的创作，如仿拟天气预报：“今天夜间到明天白天，你的手机将出现鹅毛般的祝福，你的心情将以晴为主，受气氛影响，笑声将席卷你周围，预计将来52周将不断刮顺风！”仿拟翻译腔：“哦！天呐，我的老伙计！看在上帝的分上，为什么不多睡会儿？”还有对于顾城那首《门前》的仿拟：“草在结它的种子，风在摇它的叶子/我们站着，不说话/场面一度十分尴尬。”

通过以上盘点我们能发现，仿拟是一种十分巧妙、机智的修辞格。它仿照人们熟知的现成语言材料，根据表达的需要临时创造出新的语、句、篇来。在“熟悉”中制造“陌生”，在“平凡”中制造“新奇”，于“本体”与“仿体”的反差中使得语言生动活泼，或讽刺嘲弄，或幽默诙谐，都妙趣盎然，给人带来不一样的语言体验。

网络文学中的“刀”

翟子颀

在网络文学的评论中，“刀”的出现频率很高。看到“刀”，如果你的脑海中浮现出的是在厨房大展身手的菜刀，那可就大错特错了。那么，这是什么样的“刀”呢？

“刀”作为中国古代侠客必备的武器，常常会带上“行侠仗义”“铲恶锄奸”的隐藏意义。这在习语和成语中就有不少体现，例如“两肋插刀”“路见不平，拔刀相助”等。但是在网络文学的评论中，“刀”从江湖人物的手中转移到了读者手中，读者在对某个情节、某个反派强烈不满时，就会在评论里发帖“拿我的刀来”，边看边“砍”，充满了代入感。还曾经有过一个趣闻，某网站在新闻标题中，把“厘米”错写成了“米”，于是，标题变成了“监拍女子持40米长刀当街砍人”，被网友脑补出40米长刀砍人的画面，笑点满满。从此以后，“40米大刀”便成为一个梗，被广泛使用，也进入了网络文学的评论系统。当读者义愤填膺、怒不可遏时就会说：“我那把40米长的大刀呢？”“把40米的大刀给我拿来！”

有时候，“刀”不仅仅针对故事中的人物，读者之间也会拿“刀”展开一场“恶战”。“情敌相见，分外眼红”是常见的事情，在网络文学中，表达对某一主人公的喜爱，往往喜欢使用“×××是我的！”“谁都别跟我抢×××！”这样的表述。当别人也这样“表白”后，互相就成为“情敌”了。这时候，同一个主人公的“粉丝”会说“拔刀吧，情敌！”由此来争夺自己心爱的主人公。当然啦，众所周知，主人公属于另一个主人公，“拔刀”抢不来他的爱。

在网络文学中，“刀”还发展出另外一种新的含义，成了“悲剧性作品”的代名词，也就是通常说的“虐文”。“虐文”读得人心如刀割，便直接用“刀”代替；而与“刀”对应的则是“糖”，用来代指满篇都是甜蜜恋情的“甜文”。这样一来，作者“发刀”就是写了虐心的故事，“发糖”是写了甜甜的故事。同时，读者读虐文可以称为“挨刀”，读甜文可以称为“嗑糖”。这种表述方式加强了读者的阅读感受，夸张而生动。

另外，还有一个在动画、漫画、游戏、小说领域都流行的表达——“寄刀片”。在网络连载中，读者会吵着要给作者“寄刀片”，以“威胁人身安全”的方式来要求作者写出符合读者期待的结局。当然啦，“寄刀片”只是虚拟的网络言语行为，千万不要发展到现实生活中，这样会触犯法律的哦！

总之，网络文学评论里的“刀光剑影”，非常生动、非常精彩。不管是“嗑糖”，还是“挨刀”，都可以让读者暂时放下现实中的烦恼，在网络世界中给自己放个假。

“凡尔赛文学”和“凡学家”

任春霖

在最近的社交媒体上，“凡尔赛”一词频频出现，如“大型凡尔赛现场”“校园凡尔赛最佳工具”。引爆网络热潮的“凡尔赛文学”究竟是什么？凡尔赛宫为何会与文学联系在一起？“凡学”“凡学家”这些看来很专业的称呼又是因何产生？这一切都要从它们的词源说起。

凡尔赛宫是法国巴黎著名的宫殿之一，曾作为法兰西宫廷百余年，一度是法国的政治、文化中心。它的内部陈设和装潢富于艺术魅力，五百多间大殿小厅处处金碧辉煌，宫内还陈放着来自世界各地的珍贵艺术品。日本漫画《凡尔赛玫瑰》以法国大革命为背景，主角之一玛莉皇后不顾普通民众日益窘困的生活状况，沉醉于凡尔赛宫中寻欢作乐的奢靡生活。出身于贵族阶级的皇后将富裕的宫廷生活看成理所当然，用轻巧淡然的语调来诉说自己的优越处境。“凡尔赛”从漫画风格变成网络流行语，一切源自微博，有一位博主模仿这种语调发布博文，被网友吐槽为“凡尔赛文学”。随着大量跟风的戏谑之作涌现，“凡尔赛文学”就被用来形容以故作无意的口吻，明贬实褒，彰显出自己的优越生活与过人之处。这种能体现个体优越性的叙事手法被大量用在网络平台上，高超的凡尔赛文学往往读来十分自然，却让人后知后觉地发现原来是低调的炫耀。后来，“凡尔赛文学”的写作技巧就被称为“凡学”，“出手不凡”的“凡尔赛文学”写作者，则被别人称为“凡学家”，从而引起了一轮又一轮的流行语热潮。

下面，请大家跟随镜头来欣赏一下古往今来“凡学家”的“凡尔赛文学”大秀！

镜头一：

台上放着黄梅戏《女驸马》，只听：“为救李郎离家园，谁料皇榜中状元。”

闻者落泪，默默感叹，状元岂是我等随随便便就能考上的？

镜头二：

李白默念：“小时不识月，呼作白玉盘。”

乍一听，不识月？原来诗仙小时候也这么可爱。仔细一想，白玉盘？我连见都没见过，肯定不会把月亮比喻成白玉盘，诗仙原来生活得如此富裕啊。

镜头三：

都市丽人悲伤感叹：“我怎么一直吃不胖？太难过了。”

围观者看了看自己减不下去的小肚腩，开始吐槽：“需不需要把我的肉分给你？”

欣赏结束，我们不难发现，“凡尔赛文学”先是借由抱怨或吐槽拉近与听众的心灵距离，随后又让听众体会到诉说者的优越之处。一前一后两相对比，给予对方更强烈的刺激，满足了诉说者的虚荣心。凡尔赛文学的兴起给予了更多人炫耀自己的媒介，若是仅用来玩笑戏谑倒也无可厚非。然而，网络上的“凡学家”为了维持自己的虚拟人设，编织了一个又一个环环相扣的华丽谎言。这种“凡尔赛文学”背后充斥着的消费主义与拜金主义不利于正确价值观的建构，更不应让世界观还未成熟的青年人一味效仿。

此外，“凡尔赛文学”大行其道与当代人迫切求得关注的心理不谋而合。互联网的高度发达为“凡尔赛文学”提供了绝佳的培养皿，夸张的话语、华丽的画面显然更容易引起广泛关注。因而渴望站在聚光灯下的人们自然不会放过这个不可多得的良机，短时间内，“凡学家”如同雨后春笋般层出不穷。在这场盛大的互联网狂欢面前，我们应当清楚，现实里的充实美满与网络中的虚幻梦想本就有着云泥之别。获得尊重固然是人类的高级需求，但与其沉溺于“凡尔赛文学”堆砌出来的幸福泡沫，何不努力提升自己，去赢得真正的尊敬？

家长圈“鸡娃”黑话

李雨畅

“鸡娃”火了。打开电视，家庭教育剧《小舍得》中，几个小升初家庭在焦虑中“鸡娃”；拿起手机，“鸡娃”的父母们都在传授经验，一篇篇爆款文章纷纷刷屏……“鸡娃”到底指什么？

“鸡娃”一词是“给娃打鸡血”的变序型缩略，也是“打鸡血式带娃”的缩略。两种生成路径共同反映了“鸡娃”的内涵，即父母用极度亢奋的教育方式激励孩子不断地学习，完成超量、超难度的学业任务，由此来超越同龄人。就目前来看，“鸡娃”主要用作动词，为述宾结构，“鸡”突破原有的名词“家禽”之义，变为动词性语素，义为“打鸡血”，例如“这个妈妈决定从今天起开始‘鸡娃’”。同时，“鸡娃”也可以用作名词，指在打鸡血般的教育方式中成长的孩子，例如“‘90后’第一代鸡娃已经长大了”。

微信、QQ中的“鸡娃”交流群和各大网络论坛上的“鸡娃”小组是家长们交流“鸡娃”经验的场所。在家长圈的交流中还存在着大量“鸡娃”黑话，让我们一一分析。

“牛娃”是指某一方面异常突出或全方面优秀的娃。在家长圈中，通常将“牛娃”谐音为“牛蛙”。养出“牛蛙”是“鸡娃”家长的育儿目标。“牛蛙”们有着远超同龄人的知识技能，是类似“别人家孩子”的神话般存在。例如因超强简历而走红网络的5岁魔都男孩，他精美的个人简历让网友们直呼其优秀程度已不输名牌大学生。

牛娃的成才方式多种多样。“天牛”是“天生牛娃”的缩略构词，指天才小孩。“人工牛”是“人工牛娃”的缩略，指那些依靠后天培养，用勤奋取胜的优秀小孩。“奥牛”和“英牛”分别是“奥数牛娃”和“英语牛娃”的缩略，分别指奥数很厉害和英语很厉害的小孩。“奥英混合牛”是在“奥牛”和“英牛”的基础上类推而生，指奥数和英语都很厉害的小孩。

然而牛娃毕竟是少数，平凡才是众生常态。“普娃”就是“普通娃”的缩略，指天资平凡、能力不突出的孩子。另外，“青蛙”也被家长们赋予了“普通小孩”之意。在部分望子成龙、望女成凤的家长看来，自家的“普娃”和人家的“牛娃”虽然都是娃，但从学习成绩上看，二者就像“青蛙”和“牛蛙”一样，简直不是一个物种。由此进一步类推，蛙的幼体“小蝌蚪”也被赋予未参加过辅导班的小孩的含义。

教育内卷的焦虑下，“青蛙”家长也不甘落后，但要想把自己的孩子变成“牛蛙”，就必须鸡娃。家长圈内，鸡娃方式也是各不相同，层出不穷的。“素鸡”是“素质教育鸡娃”的缩略，着重培养才艺，如钢琴、滑冰、马术等。“荤鸡”，由“素鸡”反义类推而来，主攻学科成绩，重点学习语数英等应试内容。“家鸡”是“家长鸡娃”的缩略，指父母不让娃参加课外机构，亲自辅导。

奉行“鸡娃”的家长集中在北京、上海等大城市，且大多是接受过高等教育的“80后”“90后”，他们或多或少享受、见证了高学历的优势，十分重视子女教育。学历竞争压力使家长们深陷教育忧虑，加之网络的“牛娃”宣传和“鸡娃”公众号推波助澜，“内卷”被带入低龄儿童的教育中，“鸡娃”也越来越疯狂。

然而“鸡娃”的实质是不符合儿童成长规律的超前教育。一旦“抢跑”带来的领先优势逐渐丧失，“鸡娃”家长们又该何去何从？“鸡娃”违背儿童成长规律，为强迫孩子学习压抑他们爱玩的天性，家长变身“虎妈”“狼爸”势必影响儿童心理健康，还可能导致亲子关系的紧张。成绩从来不是衡量人生成功与否的唯一标准，教育的目的不是一纸光鲜的文凭、一份耀眼的简历，重视子女教育不一定要通过“鸡娃”，快乐教育也不等于放弃学习。“鸡娃”当道，各位家长应当保持冷静，铭记教育的初心，不要迷失在功利和盲从之中。

狗言狗语知多少

卢怡彤

生活中狗是人们忠实的伙伴,但在网络用语中,网友常借狗流浪可怜的形象表示自己狼狈的状态,如累成狗、虐成狗。也常用狗进行自嘲,如单身狗、考研狗、加班狗。在最近出现的奶狗、舔狗、扔狗等流行语中,狗又有了新的含义。

“奶狗”本指刚出生的狗,非常可爱而且亲人,网友便用“奶狗”一词称呼那些外表英俊可爱,生活中温柔体贴、听话黏人的男友类型。而同样作为黏人型男友,“舔狗”的处境却凄凉许多。“舔狗”是一个偏正结构,“舔”指出了狗“爱舔人”的习性。宠物狗经常会通过舔人的方式表达对主人的喜爱,网友们便借“舔狗”一词来指代卑微的追求者,他们为了获得对方好感而毫无底线地抛弃个人尊严,有时候对方已经明确拒绝但仍顽固地纠缠。

为了凸显“舔狗”的卑微,兴起了所谓的“舔狗文学”。舔狗文学通常以“宝”或“臭宝”开头,相较于土味情话增加了简短的叙事情节,如:“宝,今天拌水泥,老板说我拌的水泥太稀了,他不知道的是我没有多放水,只是拌水泥时很想你,眼泪掉了进去。”作为一种示爱方式,舔狗文学是说话者自降身份甚至放弃尊严来展现的,舔狗们不但能“苦中作乐”,更具有“无私奉献”的精神:“今天我问你出来玩吗？你说滚，我想你是怕我走路太累才叫我滚的吧？更爱你了，宝。”又比如：“听说你交新女朋友了，那我以后买两份，她吃葱花和香菜吗？”

除了“舔狗”一词，狗的形象还活跃于各式各样的表情包中。如有一只狗被网民叫作“旺柴”，它通常被用来表示所说之话只是一种反语讽刺，不可当真。如在考试中因为低级失误考砸了以后，用“旺柴”自嘲说“我可真行”“我真厉害”。还有一只裹在卷心菜里的绿色小狗，它叫菜汪，常用来自嘲水平很差。

收到“菜汪”倒尚可理解，可如果你收到这样的表情——图中人物表情愤怒，将一只或多只狗扔向你，你该怎么办？莫慌，这一表情动图便是“扔狗”。作为流行语的“扔狗”源自流行游戏《传说之下》中的台词。在游戏中选择“和解”模式后，就会出现“对方不想和你说话”或者“对方不理你并向你扔了××”这样的台词，后者被扔的物品中就有狗，后来被制作成“扔狗”表情大受欢迎。对方发这一表情的真正目的并不是扔条狗给你，而是借“扔”这一动作传达不满及愤怒的情绪，所以当你收到这样的表情，不妨想想自己的言行是否不当。

总体来看，在流行语中狗的实际意义被虚化，常围绕流落街头、卑微、弱小的文化意义而产生隐喻用法，其情感意义虽多为贬义，但有时也会展现出萌的一面。

当“神仙”穿越到现代

刘 恬

在中国古代神话传说中，神仙是超脱尘世、长生不死的人物，《逍遥游》向我们展示了早期神仙的风采：“藐姑射之山，有神人居焉，肌肤若冰雪，绰约若处子，不食五谷，吸风饮露，乘云气，御飞龙，而游乎四海之外。”西汉刘向编撰的《列仙传》记叙了自三皇五帝时至汉代70余位神仙人物之事，这些神仙居于仙山大泽之中，乘龙凤白鹤，具备呼风唤雨、飞举升天的能力。由此可见，超凡脱俗的神仙形象在中国由来已久。人们总把最神异、最清高、最超凡脱俗的想象加于神仙之上，从而使得神仙成为完满又具有多样内涵的形象：既可指超脱凡世、本领高强、无所不能的圣人，也可指逍遥自在、无所牵挂、达到至高境界的人。

“神仙”一词进入网络语言则主要沿袭了其“无所不能”的形象特点，成为对某一方面特别突出者的爱称。原义为“神话中的女性神”的“女神”衍生出新的含义，与“女神”相对应的“男神”一词也应运而生。“男神”和“女神”起初被人们用于称呼自己爱慕的有颜值、有气质的明星大腕，后可指备受崇拜的、才华出众的各界杰出人物，体现了这些优秀者在人们心目中异于普通人的特殊地位。

然而，“神仙”一词在网络语言中的应用不止于此。“神仙”衍生出的“各界杰出人物”的意义通俗地说即“高手”，他们因为拥有极其强大的能力，做事总是轻而易举。游戏中的高端玩家们以娴熟的操作、飞快的手速决斗，让人不敢相信游戏也可以这样玩，观众们只得惊呼“神仙打架”；美国职业篮球赛场上，作为各自半区头名的凯尔特人队和勇士队的对决被看作是总决赛的预演，欧文和库里的对决就像“神仙打架”；几部大制作的影视作品同档期上映，也总要上演“神仙打架”争夺票房的戏码。当然，有高手就相应地会有“菜鸟”，在网友们神仙创造力的推动下，与“神仙打架”意义相反的“菜鸡互啄”随之产生，如：刚入门的我和“常败将军”小王下棋简直是菜鸡互啄。有时“神仙”还可指“身份地位高的人”，而这些神仙打起架来，总是“小鬼遭殃”，如公司内部上演“神仙打架”，人事纷争使员工对部门前景失去信心，也为自己的去留惴惴不安。另外，“神仙打架”也可用于形容大平台、大机关之间相互争斗，它们的斗争往往不至于使“小鬼遭殃”，因此吃瓜群众们总是静静围观，例如“沃尔玛站队京东腾讯，犹如神仙打架”。这时，“神仙”更多地带上了高高在上、与普通人关系不大的含义。

无论是何方神仙打架，“神仙”一词中都含有“超于常人”的意义，所以当它被用于修饰其他名词时，总表达出“完美的”“令人惊叹的”“让人羡慕的”等由衷赞美的褒义色彩，似乎所有美好的词语都难以言尽被赞美对象的完美程度，只得用超脱凡俗的“神仙”来形容了。但是，当“神仙”一词被广泛使用而发生意义的泛化后，它却不只具有褒义色彩了：令人惊叹的事物既可以完美得超出人们的想象，也可以让人厌倦到无以复加；既可以惹人羡慕为之疯狂，也可以奇葩得一言难尽令人摇头。由此，“神仙”也可以表达对超出正常人意料之外让人反感的奇怪事情的吐槽，如：“神仙单位”请病假居然要拍照证明，“这又是什么神仙操作”。与此相关，因为“神仙”一词兼具褒义和贬义，“神了”除表达赞叹的感情外，同样可以表达疑惑、反感的情绪。

“神仙”从中国古代传说中穿越到现代网络世界中，被赋予了众多含义，成为网络交际中被频繁使用的“万能梗”。但是，“神仙”虽好，可不要滥用哦，每天吃太多“神仙食物”，看太多“神仙综艺”，刷太多“神仙微博”，生活也会了无生趣呀！

“疫”字当头

李传芝

2020年的开头是特别的，新冠病毒的阴影几乎笼罩了全中国，疫情成了时下热议的话题。在网络语言中，“疫”字辈的谐音成语也逐渐生成，出现在日常网络交流之中。

谐音成语是利用汉字同音异形的特点，对固有成语进行改造而得，以前主要用于广告宣传，如电蚊香广告语“默默无蚊”。这种故意使用错别字的现象被很多人诟病，但是现今“疫”字辈成语的出现却一点也不惹人讨厌。这是为什么呢？当然是因为“疫”字家族都表现出了满满的正能量！

谈到疫情，首先应该点赞的便是一线的医护人员。“疫”字家族里便有许多是对这些英雄的赞美。“‘疫’无反顾”由固有成语“义无反顾”而来，“义无反顾”的意思是指“从道义上只有勇往直前，不能犹豫回顾”。当“疫”字替换掉“义”字，它本义仍存，只是加入了“疫情”的概念——一线的医护人员面对疫情，勇往直前！他们不是不怕，只是看到了后方的亲人、爱人、朋友，他们愿意“疫”无反顾，为患者筑起一道抵抗病毒的壁垒。

除了“疫”无反顾，同样是褒义性质的还有“见‘疫’勇为”。“见‘疫’勇为”，由“见义勇为”而来，本义是“看到合乎正义的事就勇敢地去做”。当下，我们借“疫”代“义”产生了新意：看见疫情凶险，仍然勇敢地冲上前线奋力战“疫”，这是有勇气的表现。疫情面前，无数志愿者和捐赠者为援助前线尽心竭力付出，是见“疫”勇为，当然也就是见义勇为。

除去前线的抗疫人员，对于同样身受疫情困扰的普通人而言，又有哪一个“疫”字家族的成员贴合我们的状态呢？无疑是由“一呼百应”衍生而来的“‘疫’呼百应”。一呼百应，指的是“一声召唤，群起响应”。由“一”变“疫”之后，原义基本不变，只是加上了一个“疫情”的前提。对于突如其来而又迅猛发展的新冠病毒，钟南山院士呼吁全国人民在家隔离，既防止传染他人，也避免被他人传染。网友感叹：“终于到了宅在家里也是为国家做贡献的时候了！”“疫”呼百应，体现了全国人民战胜疫情的决心。

“疫”字辈谐音成语也不全是褒义的，也有不少用来讽刺那些从事非法野生动物交易的人和发国难财的无良商家。其中以由“见利忘义”变来的“见利忘‘疫’”为代表，它的本义是指“见到有利可图就不顾道义去做”。“疫”代“义”后，既保持了固有成语的本义，又能起到警示作用，见利忘“疫”之人必将会受到应有的处罚。

“疫”无反顾、见“疫”勇为、“疫”呼百应、见利忘“疫”，这些谐音成语都是由“疫”而来，因“疫”而改，不过它们的存在也只是暂时性的，随着病毒的离开，它们终究会随“疫”而去。

会说话就出本书
——网络夸奖语的流变

周 彤

东京奥运会的开幕式震惊了广大观众，虽然有一定文化寓意，但其独特的艺术表现形式还是令人大感迷惑。网络评论区里，网友纷纷留下了精准吐槽："艺术可以接地气，但不能接地府；艺术可以冷门，但不能邪门；艺术可以报答观众，但不能报废观众……"这些评论视角独特，语言幽默，得到了网友的热情夸奖："会说话就出本书！""×老师当年我就不建议您退出文坛的！"别疑惑，这并不是指隐退文坛的文学大师在网络上"重出江湖"，而是网络夸奖用语演变到今天产生的一种特别形式。

如同口语和书面语这两种传统语体一样，网络用语在人们使用过程中也会不断发生变化。从夸人"会说话"这一角度切入，网络夸奖语言大致经历了三个变化阶段——

第一阶段："会说话就多说点""会说话就出本书"。

第二阶段："哪里可以买到您的书""我把书店砸了，因为书店里没有您的书"。

第三阶段："×老师当年我就不建议您退出文坛的""当年×老师退出文坛我是极力反对的""我就说×老师不可能止步于此"。

这三个阶段的转变具有一定特点。首先,夸奖语的演变是相互关联、具有承接关系的。第一阶段是从“出口成章”等成语溯源而来,其中“会说话就出本书”的语义被继承,对“书”这个要素充分发挥后形成第二阶段。由“著书”引申到“文坛”又构成了第三阶段的语义基础。其次,我们也可以看到“夸张化”在演变中的递增。第一阶段可以表示说话者言论精彩,受人欢迎,到了可以著书立说的程度。而第二阶段则表现出夸奖者对说话者的无比肯定,迫切希望“拜读”其大作,以至于因“无书”做出“砸店”行为。第三阶段更多了几分“敬意”,“不可能止步于此”等语句将对方塑造成一位曾经闪耀文坛而今功成身退的“文学大师”,营造出“高手在民间”的氛围。

值得注意的是网络夸奖语内涵丰富化的倾向。这一倾向在形式和内容上均有体现。形式上,字数逐渐增加,与此对应的语义也逐渐丰富。比如:从一开始的无称呼到“您”“×老师”等称呼的加入,礼貌色彩渐浓;从最初类似命令式的口吻“会说话就……”到委婉问询,再到近似于“恭维”之语,恭敬意味渐重。句义表达由直接向间接过渡,其中蕴含的夸赞肯定之义也更进一步。

上述“一本正经式夸奖”的语言风格令广大网友喜闻乐见,不仅反映出网络用语的娱乐化特点,而且体现出人类对于尊重的需要——渴望得到别人的褒扬,同时也不吝惜对他人加以肯定。这与前两年流行的“夸夸群”有异曲同工之处。所谓“夸夸群”,就是一种“全方位地用华丽的辞藻疯狂地夸奖吹捧你”的多人群聊,你一进群就能收到铺天盖地的溢美之辞。即使你不小心把啤酒倒在了书包上，在夸夸群求夸，也能得到热情洋溢的夸赞："背上带酒味的包去上课，你就是整条街最醉人的仔！"

就像"夸夸群"一样，人们使用网络夸奖语的出发点也是充满正能量的：在网络交流中通过网络语言去满足相互尊重的需求，反映出网民积极的语言趣味。但当夸奖本身成为目的，为夸奖而夸奖时，其言辞往往是盲目浮夸、违背现实的，受夸奖者获得的只是虚荣心的满足，却无益于认清现实、获取动力。夸奖虽好，可不要贪多呀！

娱乐天地

C位、抢C位和C位出道

徐默凡

在今天的新闻中，“C位”一词随处可见，如“鲜花礼包助你抢占情场C位”“说错话王牌主持人C位不保”。那什么是C位呢？为什么要“抢C位”呢？这还要从词源说起。

C是英语单词的缩写，有两个可能的来源。一个是center的首字母，是“中心”意思，这时的“C位”就是“中心位置”。另一个是carry的首字母，carry的本义是“携带、运输”，但是在《英雄联盟》《王者荣耀》等团战游戏中变成了一个术语，专门用来指高输出的位置，如游戏中的射手、法师等角色。carry位置能够在游戏中带领全队赢得胜利，这时就称为“carry全场”，就是“带动全场节奏赢得胜利”的意思。这个由“carry位置”简化而来的“C位”具有全队核心的意思。

不管是哪一个来源，“C位”都有“中心”“核心”的意思。这个“C位”引申以后，可以是空间上的“中心”，如拍照时候的中间位置；也可以是重要性上的“中心”，如一个演唱组合中的领唱位置。

“C位”这个词语虽新，中心位置却早已存在，只不过早先人们低调谦虚，避之唯恐不及。以前拍集体照的时候，合影者率先抢占的都是靠边的位置，中心位置总要谦让再三，最后才由德高望重的前辈坐下。现在的风气则大不相同，“抢C位”成为娱乐圈的一个流行语，不论是拍集体照，还是制作海报，不论是走红地毯，还是接受采访，不少明星都明争暗斗憋着劲儿抢C位。而且手段花样百出，抢占中心位置当然是“抢C位”，抢不到中心位置，就摆出各种夸张的动作或者表情来抢镜头，人为制造一个“C位”来抢占。而粉丝们也在“抢C位”的战斗中推波助澜，他们虽然不能亲临现场去抢C位，但是在网上纷纷为自己的偶像“抢C位”摇旗呐喊，而对抢了C位的别人家偶像冷嘲热讽。

“C位出道”这个短语的流行，更反映了竞争的激烈性。“出道”原义是“初次登场演出”，引申为演艺界人士由此开始职业生涯。近年来，电视节目中流行集体养成类节目，通过海选竞争挑选优异者组成团队，然后再走上职业组合的道路。“C位出道”就是指在一个偶像团队出道的时候，某个歌手得票第一占据了中心位置。其实，“C位出道”这个说法是和传统的团队精神相违背的。在传统的歌手组合中，虽然也有灵魂人物的存在，但大家都不会刻意强调其作用，因为作为组合，其优势就在于“集体大于个人之和”，需要大家互相配合才能赢得观众。而到了现在“C位出道”的年代，初次出场已经定好了“C位”，但组合里并不是人人都服气，于是难免貌合神离，明争暗斗，为今后的分崩离析埋下了隐患。

“抢C位”和“C位出道”的流行，一方面是个人意识和竞争意识的张扬。集体主义的时代已经过去，大家都信奉“我就是我，是颜色不一样的花火”，人人都要竞争第一，最大化自己的人生价值。

另一方面，当今的娱乐文化和眼球经济也是幕后推手。C位意味着关注度，关注度意味着流量，有流量就能成就“明星”，就能带来巨大的名利。而演艺圈的新陈代谢实在太快，只要稍有懈怠，就会丢失C位，“青春”还远未过去就已经吃不了青春饭了。

不过话又说回来，虽然我们理解那些孜孜不倦抢C位的明星们，但还是更相信真正的C位靠抢是不会长久的。只要一个人真正有实力，他站在哪里，C位就在哪里！

“秀”出自己

马修齐

现如今，无论是发弹幕还是评论，“太秀了”“秀啊”之类的感叹屡见不鲜。这个“秀”是啥意思呢？应该说，“秀”的使用历史在网络流行语中可以算相当悠久，自出现以来经历了一系列含义的拓宽，直到现在依然很有生命力。

“秀”在传统语境下大多表达的是一种“高雅的赞美”，如“木秀于林，风必摧之”中，“秀”表达的就是“超出、高出”之意；“千岩竞秀，万壑争流”中，“秀”表达的是“美丽”之意。由这两种含义，还衍生出“优异”之意。不难看出，“秀”在传统语境下一直是一个纯粹的褒义词。

“秀”在网络上的流传也经历了漫长的演变过程。其初始用法大多出自英文单词show的谐音，义为“展示”，如“脱口秀”“中国达人秀”。由此引申开来的常见口号“秀出你的风采”，也取此义。因其精准简练而不失俏皮洋气的风格，“秀”也风靡一时。还有一种用法则稍有一丝贬义色彩，即取单词show的谐音而使用释义“炫耀”，如“秀恩爱”一词，多少流露出评价者对这一行为的不满。但无论是“展示”还是“炫耀”，含义仍然绕不开“秀”(show)的本义：只有被认为“好”且“突出”的东西才会被用于“展示”或者“炫耀”。因此这一用法可以说是由词义与谐音恰到好处地契合而衍生出的产物，也可算是较为早期的互联网流行语。

随着时间的推移，“秀”的用法逐渐从动词转向了形容词，渗透到了多种评论发言情境中，用来表达说话者半是佩服半是调侃的态度。如直播中的“带秀”形容节目十分精彩好看；游戏主播的“天秀”形容操作很厉害；“你太秀了”既可以形容对方的言行很厉害，也可以描述这是一种过分的炫耀，含有“玩笑开过头了”的批评含义。可以发现，如今在互联网空间被广泛使用的“秀”，一方面与其本义及引申义“超出、超过”“美丽”等一脉相承，另一方面，也与其在互联网场域被第一次转化时的贬义用法密切相关。两者相结合，“秀”演化出一种强大的网络新义——炫耀性地展示超强技能。这种网络含义甚至影响到了传统带有“秀”的组合，比如在网络语境中“优秀”表示的是“因优而秀”，“造化钟神秀”也失去了对“大自然鬼斧神工”的感叹之意，而只注重一个表示过分炫耀的“秀”字。“秀”真的使自己在语言组合中也“秀”出来了。

比较日常用法和网络用法，希望我们不要在网络上“太秀了”，还是在日常生活中脚踏实地，努力成为一个“优秀”的人吧。

你是一股清流吗

邵瑞祥

“哇！看完网红直播才发现，在一堆锥子脸、大浓妆的网红里，papi酱真可谓是一股清流了！”在2016年5月的微博红人节中，短视频博主papi酱因其与众不同、清新自然的相貌和风格，被网友们称为“网红界的一股清流”。然后在该年里约奥运会中，因可爱的性格和颇高的颜值，运动员宁泽涛被赞为“清流”。在网友的热烈讨论和传播中，清流作为网络流行词正式被人们熟知。

那么究竟什么是清流？怎样才称得上是清流呢？

清流原指清澈的流水，在古代汉语中还喻指负有时望、清高的士大夫或政治清明等，如在欧阳修《朋党论》中就有：“或投之黄河，曰：‘此辈清流，可投浊流。’”用清流来喻士大夫。在清朝时，也指统治阶级内部一个政治派别的名称。在慈禧和奕䜣的权力斗争中，晚清出现了一批学问渊博的名士，“以敢于弹劾大臣为贵”，形成了与洋务派相对的“清流派”，主张广开言路、揭露弊政、反对外来侵略。

而作为网络热词的清流指的是在某个复杂环境下或某种领域中，显得与众不同、使人耳目一新的事物或人，比如“学生刮蹭百万豪车，车主不索赔还主动奖励，简直是土豪界的清流”，“假期哪里都是人？合肥有个地方简直就是一股‘清流’，来了的人都不想走”。

显然，流行语义与原义之间有着一定的相似性，将清流清澈、不染污浊的特性赋予事件及人物，通过隐喻的方式给予词语新的意义，词义更容易拓展，且能衍生出更多用法。“清流”除了网络流行初期的名词性隐喻外，也延伸出形容词性用法，可以用它来形容与众不同，如“这部剧男主长得也太清流了吧”。不仅如此，它还带动了其他流行语的出现，如“如果宁泽涛是游泳界的一股清流，那么傅园慧就是一股泥石流”。泥石流一词原指因自然灾害引发的山体滑坡并携带有大量泥沙以及石块的特殊洪流，现在与清流相对，大多指画风突变、异于常人的行为或人。

如今流行的“清流”产生于何时？在纷繁复杂的网络世界中，很难找到一个确切的时间节点。据观察，这样的用法早在2015年就已在天涯论坛出现，当时有众多以“八组清流”为副标题的帖子，即八卦讨论组中的非小生帖、非掐架帖均属清流。可见，清流这样的流行义并非完全新造，其流行经历了一个时间较长的演变和传播过程。

清流一词简单形象，却折射出了现代人对盲目跟风的行为的反感。做好自己、尊重真情实感、展现本真自我，这些内涵大概是如今这股清流的价值所在吧。

另类“洗地”

姜欣幸

“洗地”原本指用水清洗地面。我们生活中常见的洗地车、洗地机器人等等，就是用来清洗地面的机器。然而随着网络的发展，“洗地”在网络交际中逐渐产生了不同的意义。试看下边的例句：

知乎大V帮无良公司洗地被永久封号。

平时都骂某人的脑残粉无脑洗地，但换一个圈子看，粉丝们本质都差不多嘛。

显然，这些句子里的“洗地”不再表示“把地面清洗干净”，这个词在使用过程中产生了与原来不同的意义。

那么，“洗地”经历了什么样的变化过程，它的新义又是如何产生的？

“洗地”这个词，作本义讲时，使用频率比较低。这个词被人们广泛注意，要从周星驰的电影《功夫》说起——电影开头，黑帮火拼之后大喊了一句：“警察，出来洗地了！”此时，收了赃款的警察走出来清洗现场，并且做好了善后工作。“洗地”从此正式走进人们的视野。

可以看出，电影里的“洗地”，意义仍然是其本义“把地面清洗干净”，但是电影里的情境已经为这个词附加了一层隐含的意思，即：某人因为收了好处，与做坏事的人沆瀣一气，为其清扫现场并进行善后和收尾。从此，人们在使用过程中，不断强化这一层意思，开始用“洗地”形容为了谋求利益而为某个恶性事件清扫残局、掩盖事实的行为。上例“知乎大V帮无良公司洗地”，就是这个意思：知乎网站的一些有影响力的用户拿了公司的好处，为公司所犯的错误寻找一些冠冕堂皇的借口。

伴随社会的发展，“洗地”的意义又产生了新的变化。随着追星文化和粉丝文化的兴盛，在明星们的一些有损形象的行为被曝光的时候，粉丝们会站出来对批评自家偶像的声音进行反驳，并且用一些没有说服力的牵强理由为自己的偶像进行辩解。比如某明星的演技广受诟病，其粉丝却说：“不许侮辱人！你知道我的偶像有多么努力吗？你知道我的偶像走到今天多么不容易吗？”这种不分青红皂白地为别人强行辩白的行为，也被称为“洗地”。这里，“洗地”不再指收人好处替人善后，而是指失去客观性、不加思考地维护某个对象的行为。

值得一提的是，现在在网络上，只要有人对某人或者某机构的过失进行辩解，不管此人是否与本事件有利害关系，也不管辩解的理由是否站得住脚，他的行为都极有可能被指责为“洗地”。这种指责一旦出现，就相当于一方对另一方的行为做了定性，双方因此失去了继续交流的可能。因此，“洗地”这个词在很多时候变成了理性交流的最大绊脚石，也成了当下网民交际心态的侧面折射。

"黑化"面面观

吕依瑶

不知道你有没有在影视剧里看过正派人物精神崩溃，唤醒体内另一个黑暗人格的场景？如果有的话，你就能理解"黑化"一词的含义了：人物在性格上、精神上或者行为上发生邪恶的变化，而且往往伴随着能力的巨大提升。"黑化"最早只是动漫、游戏圈中用于鉴别人物性格属性的词语，但由于极其贴切、恰当地形容了人物性格和心理变化，因此颇受网民甚至媒体的"重用"：

黑化后的美国队长，战斗力得到了极大的提升。

"黑化"或"训化"——人工智能的明天在哪里？

用"黑化"一词来形容这种类似人格分裂性格的潮流是由日本游戏掀起的。早期的"黑化"主要指人物堕落腐化、近乎癫狂的可怖状态，而且常常伴随着一些外貌上的显著变化，典型人物如《哈利·波特》中因心魔难扼最终成为伏地魔的汤姆·里德尔。后来又逐渐引申出性情大变的含义，"黑化"的人物放弃了唯唯诺诺的处事准则，表露出人性的阴暗，却往往可以带来激烈的戏剧冲突。因为"黑化"既能突出真实饱满的人物性格，又能推动情节发展至高潮，成为作家、编剧们在创作时不可缺少的经典桥段。如近些年来大热的大女主剧，女主角无一例外都是最初亲切和蔼、胸无城府，但由于某些原因或契机（一般为遭受精神刺激）而性情大变，最后变得睚眦必报、工于心计。这样的情节既颠覆了观众传统印象中女主角的“老好人”人设，又满足了观众对“以恶制恶”的期待，深受观众喜爱。

“黑化”为何能如此贴切地形容一个人的性格变化以至于让观众产生共鸣呢？这就要对“黑”这个色彩词进行追溯。“黑”本来就可以用来形容一个人心眼坏、狠毒，因为“黑”与“暗”的特点是相联系的，因此“黑”也常常用来描述和解释不光明的事物。基于此，“黑”与人物的邪恶性格联系了起来。“黑化”也随着这个含义而诞生，简单来说就是一个人变坏了。再加上“黑”又是一种沉重、压抑的颜色，就更能表明剧情的黑暗化，人物的悲哀化。因此“黑化”一词很快就取得了大众的认可。

大家看到这儿可能觉得奇怪了，咦？好像和我理解的“黑化”不太一样。的确，还存在另一个来源的“黑化”，它与“神化、丑化、妖魔化、同质化”等词的构词法相同，表示“使对象变黑”，含义与“抹黑”“丑化”的意思相近。如：

一些国外媒体发布了很多不实的信息，故意“黑化”武汉这座城市。

与之相对应，舆论监督不等于负面报道，更不是故意“抹黑”“黑化”。

在这里，“黑化”是使动用法，意思是“使某个对象变黑、变坏”，即故意甚至恶意把“黑”的属性强加在对象上。而网络用语中的“黑化”是主动用法，更接近于“主动展示人物隐藏性格”的含义。

在鼓励“温、良、恭、俭、让”的文化中，“黑化”本是一种负面标签，但如今大家也开始认同“黑化”，这是因为越来越多的人更愿意去展现自己真实的情绪，表达自己真正的观点，敢于拒绝敢于反对，也不怕因此被别人孤立。这在某种程度上体现了一种进步——不以沉默忍受忽视，不以软弱顺从暴力。“黑化”在今天带给我们的启示就是勇敢活出真实的自己。

爽剧爽在哪里

卢怡彤

随着网剧《赘婿》的开播，我们常在影评中看到这样的文章标题：《从男频“爽文”到女频“爽剧”？》《爽文之后是爽剧，爽完之后是空洞》……这不禁使人产生了疑惑，究竟什么是爽剧？“爽剧”一词从何而来？“爽”又有着什么样的特殊含义？

与我们所熟悉的喜剧和悲剧相比，爽剧最大的特点在于让观众在观剧的过程中产生“爽感”。这种爽感首先来源于剧情的快速推进，比如女主前两集还是悲苦庶女，不久便已嫁入豪门，成功上位。为了让观众爽感不减，爽剧的剧情不但要够快，还要够味，故事情节最好能一波多折，人物的命运也要出现明显的逆袭和反转，男女主的智力与情商不仅远远高于配角还能迅速搞定反派。除了剧情，演员的颜值、场景的布置、特效的处理等因素都是观众的爽感来源。

在爽剧之前，“爽文”一词先流行于网络。“爽文”最初起源于网络文学中的一个分类标签。与爽剧相比，爽文是当下网络文学众多题材的一种。这种题材的文章结构多样，元素丰富，多以主人公快速闯关升级，最终取得胜利作为主要套路，以此制造爽点，吸引读者。

对于“爽”字，《现代汉语词典》主要从三个方面进行了分析。在描述人物性格时“爽”字有率直、痛快之义，如豪爽、直爽；在表示感觉时“爽”有舒服、畅快之义，如精神爽；在描述事物特点时“爽”有明朗清亮之义，如秋高气爽。在描述与人体有关的感官特征时，“爽”常放在身体部位前，如爽目、爽心、爽口，在这些词中，爽字皆有“使……感到清爽”“使……感到愉快”之意。那么爽是如何从一个描述人体感官的词转变为一个修饰影视剧和文章的词呢？从构词方式来看，爽目、爽心为动宾式词语，在这类词语中表示身体部位的词为接受者，词义可理解为使目爽、使心爽。而爽剧为偏正式词语，“剧”为事件原因，即观众因观剧而产生爽感，其构词方式、语义关系与喜剧、滑稽剧等词相同，皆为使人产生某种感觉的剧。爽剧因情节的快速推进、人物命运前后的强烈对比，使观众在观剧过程中不断产生爽感，所以人们将这类剧称为爽剧。

爽剧和爽文的文学品质虽然不高，但确实吸引了众多观众和读者。近年来，随着爽剧和爽文阅读主体的扩大，一种新型文化——“爽文化”逐渐进入人们的视野。由此也产生了很多新词，如爽点、爽感、造爽等。“爽点”即影视作品或文章中使人产生爽感之处，如正派分分钟秒杀反派之时，人们便会产生爽感，并将这一情节称为“爽点”，有时网友们也将制造“爽点”这一行为称为“造爽”。此外，爽文化甚至还影响了人际交往的表达，如有些年轻人在与他人发生冲突或遭遇不公平待遇等困境时不会进行反思和退让，而是直接采用简单粗暴的方式进行回击。

爽文、爽剧虽然有各自的特点，但其固有的缺点并不能忽视。从作品内容上看，爽文、爽剧逻辑简单、情节俗套、人物刻板，很少有真正打动人心或引人深思之处。久而久之，再劲爆的“爽感”也会成为“空感”。被爽剧“爽”过的你是否也有这种感觉呢？

小议“气氛组”

古舜禹

“气氛”这个词大家都熟悉，“气氛组”又是啥？它为什么会在网络走红？让我们来梳理一下这个既熟悉又陌生的网络热词的“成长史”。

首先，我们要从“气氛”说起。在《汉语大词典》中，“气氛”有两层含义：古代“气氛”一词指的是显示吉凶的云气，如汉代刘向《说苑》中的“登灵台以望气氛”。现在，“气氛”指特定环境中给人强烈感觉的景象或情调。现代文学作品中有诸多用例，如曹禺《雷雨》第一幕：“郁热逼人。屋中很气闷，外面没有阳光，天空灰暗，是将要落暴雨的气氛。”又如巴金《军长的心》：“我接触到一种平静、欢乐的气氛。”回顾了“气氛”的主要词义后，我们再一起看看“气氛组”又有哪些意义。

就目前来看，“气氛组”主要有三个意义。

第一个意义是“气氛组”这个网络热词成长的起点。顾名思义，“气氛组”开始指的是营造气氛的小组，它本来是酒吧里经常有的一个工作，主要负责带嗨全场。在这个意义上，“气氛组”专指在酒吧工作的这一类人员，例如：“做气氛组的大部分都是年轻人，基本都是‘00后’，98、99年都算是最大的一批了，年轻人爱玩，也更有活力。”

"气氛组"的第二个意义，是用来形容那些营造和活跃现场氛围的人或事物。这一特点与原义"营造气氛的小组"是相贴合的，保留和延续了基本的语义，但应用的范围不再限于酒吧这一工作场合。比如"过年气氛组上线！这就是年味！"（"济南发布"新闻标题），这一新闻标题中的"过年气氛组"指的是在过年时营造年味的人。再如"大美四川，春天最萌'气氛组'上线"（央视网新闻标题），从新闻内容来看，这里的"气氛组"指的是春天的翠鸟们：鲜亮的羽毛和清脆的鸟鸣带来了春天生机盎然的氛围。上述例子中"气氛组"的应用范围扩大了，这一组合的生命力也增强了。在第二个意义上，"气氛组"的感情色彩是偏向中性的。

"气氛组"的第三个意义"走"得更远，它指的是那些仅仅营造了某种氛围的人，这意味着这些人的努力基本是无效的，仅是自欺欺人的表面功夫。在"营造气氛"的基础上，"气氛组"的第三个意义强调了它的消极含义，"气氛组"被用来当作"实干者"或是"成功者"的对立面，贬义色彩浓厚。例如：

省考结束："考公气氛组"上热搜，考生人数已破500万

今年考研上岸率不到四分之一，考研"气氛组"究竟该何去何从？

关于创新，我们不做"气氛组"，要做就做"实干组"

这些标题 中的"气氛组"都属于一事无成的旁观者，明显带有谐谑调侃的意味。

在今天，"气氛组"的这几种用法都在流行，但明显占了上风的

是后两种意义。从专指“在酒吧营造气氛的工作人员”，到“营造和活跃现场氛围的人或事物”，再到“仅仅营造气氛，实则是表面功夫”，“气氛组”的意义不断推演、扩大和更新着。在网络语言环境中，流行词语你方唱罢我登场，“气氛组”的生命究竟有多长，会不会进一步地演化，还有待时间的检验。

"肥宅"漫谈

闫艺暄

"肥宅"这个称谓对于如今的年轻人来说并不陌生，网上可以看到这样的标题："过于励志？36岁家里蹲肥宅大叔变身偶像出道！""盘点动漫里那些真实的肥宅，网友：最后一个简直是人生赢家！"还经常有人调侃"'肥宅'九〇后，'油腻'八〇后"。那么"肥宅"到底是什么意思？

"肥宅"一词源于日本动漫界，是对痴迷于日本流行文化尤其是二次元文化的肥胖者的讽刺性称呼。其最初出现时用作贬义，如今也可以用作无恶意的嘲讽；随着含义的泛化，如今人们也用这个词来调侃实际并不肥胖的人。

"肥宅"中的"宅"来源于日本词语"御宅族"(おたく)的罗马音"otaku"，这个词本属于日语里不常用的敬语，相当于中文的"您家""府上"之类的用法；最初被用于人的代称，是缘于动漫《超时空要塞》中的角色林明美和一条辉常常互相使用"御宅"来寒暄。这一称谓被众多动漫爱好者模仿，从而逐渐演变成了"动漫爱好者群体"的代表词。"御宅族"一词本来指代的是多种人群，如铁道宅、军事宅、摄影宅、动漫宅、游戏宅等，但传入中国之后，则多用于指称热衷于动画、漫画、游戏等次文化的群体。

值得注意的是，这里的“宅”与汉语中的网络流行语“宅男”“宅女”所表示的喜爱居家或不愿就业的含义并不相同；但由于这两种群体都使用了“宅”这一词项作为代称，且喜爱动漫、游戏的年轻人又往往具有居家的属性，“宅”的意义便被混用了，在使用“御宅族”时人们也往往觉得“宅”就是“窝在家里”的意思。

但好好的居家族或者御宅族为什么会被冠以“肥”这样的语素，成为一种戏谑的称谓呢？这还要从“宅”的污名化说起。

在十多年前，网络的普及率急剧升高，“宅男”一词出现在各种社交平台和媒体中，其时泛指喜欢动漫、网络游戏等次文化，且往往欠缺社交能力、只能从虚拟世界寻找心灵慰藉的男性。然而经过一些网络媒体的渲染，尤其是常常将杀人犯、强奸犯、性骚扰者统统贴上“宅男”的标签，“宅男”一词俨然变成了反社会人格者的代名词。“宅”也逐渐从中性的、只用于描述某一群体特征属性的词，变成了对这一群体的负面性称谓。且由于这些“宅”们多数喜爱快餐速食类的高热量食物，平时不喜出门、不爱好运动，肥胖也就成为他们中一些个体的典型特征，因而在各种动漫、游戏网站上也常常成为人们调侃逗趣的对象，“肥宅”一词应运而生。

“肥宅”虽然缺乏现实世界中的社交热情，但往往在由网络构筑的虚拟空间中拥有众多朋友与伴侣，且他们通常比普通人要更精通信息技术和网络文化。随着网络词语使用的泛化，如今的“肥宅”早已不只是针对身体肥胖的人而言的，这些喜爱动漫、游戏，倾向于从网络世界寻找交际可能的御宅族们被人们通称为“肥宅”，他们自己也常常以“肥宅”自我解嘲。社会对于“肥宅”的评价也正在由负面和消极转向宽容和理解。

“肥宅”并非是社交封闭型人格的代名词，他们也有自己在现实世界中的社交需求，如线下的网友见面会、联谊会等等。许多“肥宅”还因精通各种信息技术而受到人们的崇拜和喜爱。作为网络时代的新兴群体，“肥宅”们以其特有的方式平衡着现实世界与虚拟世界的极差，追求着他们特有的社会价值与地位，也日益受到人们的关注和尊重。

"媛"形毕露

阿丽达•阿迪利

"名媛"一词，取"名"字的"名望"之义与"媛"字的"美女"之义，可理解为"有名望的美女佳人"。"名媛"一度是光鲜亮丽的代名词。从西方文化看，工业革命后资本主义社会中的新阶级富豪为了建构自己的社会圈层，学习旧贵族举办宴会进行社交，这些富豪的妻子和女儿便成为了上流社会中的"名媛群体"。而中国文化中的"名媛"，指的是晚清民国时期的一些时尚女性，她们受西学东渐和西方女权的影响，社会地位产生质的提升，逐渐出入各类社交场合，活跃于文坛和艺术界，大胆而自由地表现自己。中国的"名媛"也被赋予了面容姣好、拥有财富之外更多元的内涵，例如教育背景、谈吐举止、文艺特长等。

而网络时代的"名媛"却变了味道。2020年10月13日，一篇《我潜伏上海"名媛"群，做了半个月的名媛观察者》的新闻稿红遍全网，文章中的名媛们，不仅拼单丽思卡尔顿的豪华房间、下午茶，甚至还拼单购买大牌包包、服饰，然后拍照发朋友圈炫富。该文火爆全网，"名媛"一词从褒义的雅称，一夜变成了彻头彻尾的贬义词。名媛群里的一位成员在后期采访中表示，拼单是因为经济条件并不好，但渴望奢侈的生活，所以选择拼团，借此塑造自己梦想中的形象。人们购买奢侈品，往往是为了证明社会地位和个人价值，这种消费突破了维持生计的基本职能，成为当代社会“阶层”的隐形分级标准，可见“拼单名媛”的行为实际上是一种炫耀性消费。

随着“上海名媛”的“走红”，“名媛”一词发生了语义演变，从带着褒扬含义的词语，带有了讽刺的意味，并且“媛”字语义虚化，构词能力不断加强，在各类媒体的报道中衍生出了更多的“新型媛”。比如“佛媛”指通过网络营造抄经、拜佛的形象，后期售卖“佛式裙”、串珠等达到流量变现；“病媛”则是假称自己身患重病，在网上售卖疤痕贴等产品……总之，实质都是营销虚假人设，掌握流量密码，最后变现获利。

随着“媛”字构词力的强化、讽刺性质的增强，对于“新型媛”的批判声音愈来愈大，但引起思考的是，这类营销虚假人设的人群，是否只单单存在于女性群体中？对社交平台的各种女性都进行“媛类”的区分，甚至进行批判和讨伐，是否符合理性？

“拼单名媛”的出现，是商业社会发展和消费主义盛行催生的必然结果，但带货、虚假人设、标题党等并不是“媛”应该被千夫所指的正当理由。“拼单名媛”文章的热传，各种“媛”化的夸张形容和对各类“媛”的唾弃，多少是因为它迎合了网友的猎奇心理，隐藏着对女性的刻板印象。《现代性的性别》一书提出，19世纪后期以后，女性消费就开始被“妖魔化”，她们被塑造成“非理性”的消费者，喜欢盲目追随潮流。网络上各种“媛”的兴起，这种对女性的偏见无疑在背后起着推波助澜的作用。

人生本来就可以有多种选择、多条道路，人们不必炫耀自己的“成功”，我们也不应该站在道德高地一味进行批判。网络时代各种消息沸反盈天，如何对不同的群体保持宽容而平和的态度？对于营造“数字化形象”的浮夸欲望，我们是否需要保持冷静和清醒？这些问题希望我们在传播“名媛”这类词语之前，能够好好思考一下。

游戏流行语大赏

葛雯卿

“嗨！兄弟！周末通宵吃鸡吗？”

说起这，有些人不禁感叹了：“现在年轻人伙食这么好，半夜还要吃鸡，不怕得三高吗？”错啦错啦，近来不少网络游戏大火，越来越多的年轻人通过在线游戏来释放压力。这“吃鸡”一词，就是源于这两年最火爆的网络手游之一——《绝地求生》。

不仅仅是“吃鸡”一词，还有大量随着网络游戏应运而生的词汇。那我们不禁疑惑，究竟是什么原因让这些游戏用词大火，甚至成为如今的网络流行语呢？

原因大致有三种。其一，如今网络游戏种类丰富，体验感也愈发逼真，有趣的台词层出不穷。早年的“植物大战僵尸”贡献了经典台词：“僵尸吃掉了你的脑子！”许多热爱历史的玩家争先恐后地登录《二战风云》《权倾三国》《三国志》，喊出了“犹豫就会败北，果断就会白给”的口号。而“兽人永不为奴，我们终将称王！”“规则就是用来打破的！”这些出自《魔兽世界》《英雄联盟》的游戏流行语，也在一定程度上给“打工人”解了压。

其二，有些网络游戏流行语也出现了“多义化”倾向，扩大了适用范围。网游《绝地求生》中将还没开始就已经结束的秒死状态称为“落地成盒”，也被网友调侃为“快递盒”“骨灰盒”，于是“落地成盒”往往被用来表示还没有发力就已经失败的状态。再如网游《全面战争：三国》中的一句“匡扶汉室”，有些网民会这样说“孤现在无心上班，只想匡扶汉室！”难道他们真的想去重建汉朝吗？真正的意思是只想沉迷游戏之中吧！还有一些网络游戏的流行语渐渐演化得“阴阳怪气”，以此来嘲讽游戏对手。就像“GG了”，是英语“good game”的英文缩写，意为打得不错。但是现在却被许多获胜方用来嘲讽失败者，表明“失败了”“没救了”等含意。“信不信我给你一记上勾拳警告？”“你说完了吗？”这些出自游戏《守望先锋》的经典台词，也演变成了对对手能力的嘲讽，用来贬损对方。

其三，许多网络游戏用语一经流传就抛弃了本身的意思，变成了“无厘头玩梗”。“大吉大利，今晚吃鸡”这句“绝地求生”中的经典台词在近两年可以说是无人不晓，一听就知道是在号召玩家一起“厮杀战场”。“开黑开黑”“记得放大招”“人在！塔在！”“为了部落！”这些从《王者荣耀》《英雄联盟》等游戏中流行开来的游戏用语逐渐成为一起“团战”的“接头暗号”。似乎只要喊出这些暗号，玩家们就能一起进入战场，“艾欧尼亚”的力量才会“昂扬不灭”！

越来越多的人热衷于使用网络游戏用语，其中不少也成了流行语，而网络游戏的层出不穷又决定了这些流行语每一年都有不同的变化。这些网络游戏流行语经历过时间的筛选，最终有些可能会留存，比如“直到我的膝盖中了一枪”这句2011年发行的游戏《上古卷轴5：天际》中的台词，至今仍有人使用；但绝大多数会被淘汰，很快湮没不闻。所以我们也不必对这些“游戏黑话”谈虎色变，因为只有那些与正确的时代观念、文化观念相结合的游戏用语，才可能进入大众的日常语言生活。

挂和开挂

徐默凡

经常在网上看到有人说“他挂了”或者“他开挂了”，难免会产生疑问，这两句话是一个意思吗?

先说“挂”。“挂”是“失败、死亡”的意思，“他挂了”就是说“他失败了”或者“他死了”，往往用在网络游戏中，描述游戏者操控的虚拟角色的死亡。“挂”为什么能表示这些意思? 究其语义来源，有多种可能。第一种可能源自口语词“挂彩”，“挂彩”是表示“战斗中受伤”的委婉语，受伤出血就好像披挂了彩带一样。“挂彩”可以简缩为“挂”，“受伤”也很容易进一步引申为“失败或死亡”。第二种可能源自“挂电话”的说法，结束电话通话时我们经常会说“好的，挂了，再见！”于是“挂”就有了“结束”的意思，从“结束”引申为“失败、死亡”也是很好理解的。第三种可能源自古代刑罚，古代对罪大恶极的犯人要施行绞刑甚至枭首示众，不管是“绞刑”还是“示众”，都有一个“挂”的过程，“挂”可能据此就有了“死亡”的意思。因为“挂”是一个口语词，其意义的演变过程并没有详尽的书面材料可以验证，所以以上三种来源恐怕都很难确认真伪。也有可能是几种语义演变的力量同时起作用，共同造就了“挂”这个新词。

在“挂”诞生以后，用法不断丰富，不仅可以用来指虚拟人物的死亡，还可以指电脑系统崩溃、设备发生故障、游戏失败结束等。还有一个“挂科”的说法在学生中流传甚广，专门用来指考试不及格。

再说“开挂”。“开挂”是“开外挂”的省称。所谓“外挂”，是一种网络游戏中的特殊程序。在正常的网络游戏中，每个玩家的电脑和游戏服务器之间通过互相传递游戏数据而完成游戏过程。而有些作弊程序则偷偷介入这个数据传递过程，把正常数据挂接过来后加以修改，然后再发送到游戏服务器，从而使游戏玩家得到超强的功能。这种作弊程序就被称为“外挂程序”。“开外挂”以后，游戏玩家操控的虚拟人物就会变得强悍无比，速度、力量和生命值都会远远超过普通玩家。后来，“开外挂”缩略成了“开挂”，使用领域也衍生到了日常生活中，意义则泛化为“使用特殊手段获得惊人表现”。如美国有一家高科技公司开发了一款精确制导的步枪，安装了一种高精度瞄准系统，可以让普通步枪自动制导。就算一个人从未摸过枪支，拿这种枪射击也是百发百中。这种步枪就被称为是“开挂步枪”。慢慢地，“开挂”中“使用不正当的特殊手段”的含义也消失了，仅保留了“表现惊人”这个意义，常常被用来感叹神奇的人物或事件。如《达·芬奇开挂的一生都干了什么？》《开挂一样存在！诺维茨基11年总决赛20大超神表现！》。这些新闻标题中的“开挂”都不再带有贬义，反而表达了啧啧称奇之情。

所以，“挂”和“开挂”虽然只有一字之差，但来源和意义都完全不同，大家可千万不要用错呀！

“纸片人”是什么人

段卓坤

在互联网上，你总会看到很多“炫女儿”“炫儿子”“炫男友”的言论，别急着羡慕，他们谈论的很有可能只是“纸片人”。你或许在跟朋友聊天时听到过类似于“纸片人审美”的吐槽，那么到底什么才是“纸片人”呢？

顾名思义，“纸片人”可以分为两个部分：一个是“纸片”；另一个是“人”。“纸片”指的是其所处空间，也就是以纸片为代表的二维空间；而“人”在这里并不能理解为生物学意义上的自然人，而是一个文化上的存在形式，由于这种存在形式是根据自然人的特点创造出来的，因此也被称为“人”。简而言之，“纸片人”是一个处于二维空间、与自然人高度相似的虚拟人物。

“纸片人”一词最早来源于养成游戏，为了吸引玩家，游戏里的人物都有着华丽的外表和惹人喜爱的性格，导致玩家们纷纷“领养”，高呼要“抱走纸片人”。由于“纸片人”一词的生动形象性，它迅速成为了所有二次元人物的代名词。随着互联网和计算机技术的不断发展，现代人接触游戏、动漫等二次元产物的途径越来越多，频率越来越高，“纸片人”已经成为了很多人生活中不可缺少的一部分，也有越来越多的人将自己在现实中缺失的情感寄托到了这些“纸片人”身上，也就出现了文章开头将“纸片人”当作自己亲人、恋人的情况。随着这种情绪的不断增长，当下很多不婚主义者对外宣称自己是“纸性恋”，也就是与纸片人“谈恋爱”。除了对于纸片人的喜爱之外，在“纸片人”身上获得快乐和满足感十分容易也是重要的原因，毕竟谁不喜欢永远不会跟你吵架的恋人或者是永远不会与你顶嘴的孩子呢？

“纸片人”虽好，毕竟只活在虚拟空间里，如果把“纸片人”作为自己全部的精神寄托，最终难免会陷入一片空虚，所以还是希望大家能在忙碌的生活中找到更多的兴趣和爱好，收获各种各样的快乐与幸福。

除以上这种解释外，因“纸片”还拥有轻薄的特点，所以“纸片人”还被用来指身材瘦弱、身形单薄的人。这类人在外貌上会给人一种柔弱而易于控制的感觉，且多数是女生，因此“纸片人”也变成了部分男性对女性的一种审美模式。但从现代医学的角度来看，“纸片人审美”其实是一种不健康的审美。然而当下仍然有不少女生追求这样的身形，甚至“纸片人”正悄然成为当下审美的主流。比如之前火遍全网的A4腰、漫画腿、锁骨放硬币等等，宣扬的都是一种“纸片人”审美——也许只有“瘦成一道闪电”，或者一阵风就能吹走才是美的。实际上，这种审美除了增加很多女生的容貌焦虑、身材焦虑外，没有任何的积极作用，毕竟以健康为代价的审美标准不是好的审美标准，而外貌也不应该与幸福感有直接的因果关系。

生活指南

家有神兽

李 娟

“神兽”是2020年疫情环境下产生的一个网络新梗，道尽了网课期间家长与孩子之间的“爱恨纠缠”。

神兽本指中国民间神话传说中的神奇生物，这些生物的形象来源于想象，在现实中无法找到实体。如青龙、白虎、朱雀、玄武，常出现于传统建筑中，又称“圣兽”“瑞兽”，起驱邪、避灾和祈福的作用。因为“神兽”一词带有传奇色彩，在后来的网络游戏和武侠动漫中也被广泛应用，比如前几年流行的网络梗“召唤神龙”出自日本漫画家鸟山明的作品《七龙珠》，如果勇士能够集齐七颗龙珠，就可以召唤出神龙，实现任何愿望，神龙作为神兽的一种，也被赋予“瑞兽”的含义。正是网络游戏和动漫将“神兽”一词从神话传说推向了普通大众特别是年轻人群体。

“神兽”还有一层意思，即虚幻莫测，言行不按常理，不可捉摸。把自己家的孩子称为“神兽”，主要借用的就是这层含义。2020年上半年，因受新冠疫情影响，全国各地中小学延期开学，孩子们在家上网课，没有教师的监管，常常调皮捣蛋，偷懒耍滑，还会做出一些让人哭笑不得的反常行为。家长们在外“乘风破浪”，回家还得和“熊孩子”斗智斗勇，不仅要照顾他们的饮食起居，还要使出各种招数监督网课学习，犹如和“神兽”相斗，可谓身心俱疲。因此，“神兽”便成为疫情期间居家上网课的孩子的代称。

与此同时，“神兽”一词也把中国家长对孩子的复杂心态描绘得淋漓尽致：他们是“神”，是家中的稀有生物，家长得罪不得，更指责不得，只能小心翼翼地伺候和供奉着；他们是“兽”，饭来张口，衣来伸手，晚上不睡觉，早上不起床，是典型的“夜行动物”。相处时间短，家长尚能将孩子当“神”伺候着，但时间太长便受不了，却也无可奈何，只能把他们称为“神兽”来宣泄一下。

虽然“神兽”一词是在2020年疫情背景下才出现的，但我们不能不看到家长在其中累积的复杂情感。现在每个家庭养育孩子的成本都很高，据统计，培养一个孩子到大学毕业少则几十万，多则几百万，此前有一些人把孩子称为“吞金兽”也不是没有道理的。近几年二孩政策开放，但生育率却并不高，除了经济花销之外，家长们考量的还有精力的付出。孩子出生后，家长的大部分精力都花在照顾孩子上，现在的孩子又大多个性独立，家长管教过轻过重都会引发“家庭事故”，所以学校一放假不少家长就吐槽：“神兽出笼，各回各家，各气各妈。”

把孩子称呼为“神兽”既表现了家长对孩子像对“神”一样的珍视，又有对现实育儿困境的无奈，因此“神兽”便成为了一个似褒似贬、意味不明的词语，其间蕴含的酸甜苦辣和五味杂陈之感想必也只有家长能体会。神兽进化过程漫长而艰难，养育孩子又何尝不是家长苦甜交错的修炼呢？

“直男”和“直男癌”

闫艺暄

“直男”是近来常见的一个网络热词，由它还引申出了“钢铁直男”“直男癌”等相关短语。那么“直男”到底是什么意思呢？其实，在不同语境下，“直男”有着不同意义。

“直男”最早的含义是“异性恋的男性”，这个含义来自欧美文化。在英语的俚语中，bent（弯的）被用来隐指“同性恋倾向”，相应的straight（直的）就演化出来“异性恋”的含义。在汉文化中，性取向也是一个禁忌的话题，不方便直说，因此网络语言把straight和bent直译过来，“直”和“弯”变成了“异性恋”和“同性恋”的代名词，“直男”也就应运而生了。当一个男性身上的特质与“直男”十分接近时，人们也会戏称他为“钢铁直男”。

作为异性恋者的“直男”原本是一个性取向正常的男人，但是接着却成了一种被嘲讽的对象，“直男”也成了一个带有贬义的词语，这是为什么呢？原来和“弯男”相比，直男更像一个真正的男人，顺带着把男人身上共通的毛病也“继承”过来了。当人们看到一位男性衣着随便、谈吐粗俗，甚至歧视女性、过于自我时，就会用“直男”去称呼他们。这时的“直男”就和“大男子主义”的含义类似了。比如我们喜欢调侃的“热水疗法”——不论女性遇到什么情况，“直男”们都一言以蔽之“多喝热水就好啦”，而并不会太在意不同情况下女性的不同需求。这就可以看作是“直男”典型表现。

“直男”发展到极端，就变成“直男癌”了。“癌”本是一种很难治愈的病，在这里代指十分严重、无可救药的性格缺陷。其实“癌”自身并无褒贬含义，只是人们对其抱有一种恐惧的、厌恶的心理认知，所以借用它来表达自己相似的主观感受。“直男癌”以其新颖的表述方式和精准的概括性引起了广大年轻女性的共鸣，迅速流传开来。“直男癌”的“症状”可以简要概括为：活在自己的世界中，常常流露出对别人的不满，盲目的自我优越感且带有极强的大男子主义。比如一些在相亲网站上贴出自己所谓的“相亲标准”的男性，不考虑自己的学历低、收入少、相貌平平等劣势条件，反而希望对方素质高、收入高、相貌不凡，这就是“直男癌”的典型表现。

不过，有些时候“大男子主义”也有其可爱之处，表现为男性对于女性的保护欲和保护行为、主动替女性承担繁重的任务和体力活、自愿在家庭关系或婚姻关系中承担更多的责任等等。作为大男子主义代名词的“直男”在这些时候也被赋予了一些正面意义。比如有些女性常用“直男”调侃自己的男朋友，除了表达因自己男友的木讷、不解风情而感到无奈，其实也隐含了对男友可靠、可信赖的一面进行夸奖的情感。例如有些“直男”虽然不会安慰女友，但是也会通过送礼物、干苦力来表达自己的爱意，这样的“直男”就已经不再强调与同性恋者相区分，也不是贬斥的对象，而是变成了调侃而又略带爱怜的昵称。

你是“小镇做题家”吗

胡文清

最近，“小镇做题家”这个词火了！

作为“小镇青年”叙事背景下的衍生词语，“小镇做题家”又再次让人们关注到“小镇”。从以前的“小镇姑娘”“小镇青年”到现在的“小镇做题家”，我们发现跟“小镇”有关的词语，似乎都代表着落后、贫穷。虽然这几年小镇旅游很火，生活在大城市的人们越来越多地走进乡村小镇，感受自然风光，可那仅仅是游览而已，人们绝不会产生在小镇上长期生活的想法。在认知观念中，人们显然更加在意“小镇”的贫穷落后，而不是它的风景秀丽。

在这样的时代背景下，小镇上的青年学子们也纷纷选择逃离。可是当他们来到更广阔的世界之后，他们发现自己身上的小镇烙印并不是那么好清除的。当他们受挫之后，他们选择用“小镇做题家”这个词来形容自己。这个词最初出现在豆瓣网上的一个名叫“985废物引进计划”小组。小组成员们大多是来自农村或小城市的985高校学生，他们在组内分享自己从高中进入大学甚至工作以后所遇到的困境。大多数组员们觉得造成这些困境的原因是自己的出身，他们不像大城市里的孩子从小参加各种兴趣班，也没有丰富的求学经历，他们有的只是会做题的本领。之后有小组成员将他们这一群人称为“小镇做题家”——出身农村或者小城镇，靠埋头苦读、题海战术进入高校，但是缺乏开阔的视野和多方面能力的青年学子。

这个词一出现，就引起了很多组内成员的共鸣，许多人纷纷评论，表示这个词似乎就是为自己量身定做的。之后，这个词更是火出圈了，不少网友在知乎、微博、微信等社交平台上纷纷表示这个词说的就是自己。

“××家”，如思想家、科学家、革命家、发明家，一般来说都是掌握某种专门学识或从事某种专门活动的人，并往往在这一领域有一定的成就。从这个意义上来看，“做题家”就是专门做题的人。光看“做题家”这个词，并没有贬义色彩，甚至含有尊敬意味。可是在前面加上“小镇”之后，这个词就有了贬义色彩，它所表达的意思就变成了：出身小镇、只会做题的人。所以，“小镇做题家”这个词当然不是那些会做题的小镇学子们在炫耀，而是他们在自嘲。

有“小镇做题家”分享：“进入大学以来，我发现自己除了学习什么都不会，其他同学有很多自己的爱好特长，可是我发现自己没有什么爱好，也没有什么特长，从小到大，我似乎就只知道读书……”“小镇做题家”这个词引发了这一群高校学生的共情，出身和经历所带给“小镇做题家”们的自卑，让他们在大学越来越没有勇气走出自己的舒适区，让他们越来越不敢展现自己。

可是，“小镇做题家”这个标签真的有这么大的负面力量吗？条条大路通罗马，虽然少数人已经出生在了罗马，而更多的人距罗马千里迢迢，但一出生就到达了终点，这样的人生岂不是索然无味吗？我们无法改变自己的起点，可是终点是可以靠奋斗去选择的，大多数人都是这样去获取人生的价值和意义的。

愿“小镇做题家”只是暂时处于困境的小镇青年的自嘲，而不是让它成为一直无法撕掉的标签。

“工具人”是什么人

沈可轶

我们小时候都玩过一个“木头人”的游戏，在人工智能时代来临的时候又重新认识了“机器人”。近两年网络上又出现了一个“工具人”，这是什么人呢？

“工具人”是一个合成词，由“工具”和“人”两个词构成。在《现代汉语词典》中，“工具”是一个名词，比喻用以达到目的的事物，如“语言是人们交流思想的工具”。网络流行语“工具人”在构词上运用了比喻构词法，可以解释为“像工具一样的人”。

“工具人”最早是一个管理学概念，在资本主义社会初期，“工具人假设”盛行。该假设认为，劳动者在生产活动中产生的作用和机械没什么区别。这里的“工具人”，指的就是完全受管理者支配的劳动者，被剥夺了自由与人格，形同于今天我们所说的“傀儡”。

后来该词在台湾的网络社区逐渐流行起来。在一段感情关系中，如果一个男性因为爱慕一个女性而任劳任怨、随叫随到地付出一切，女方却对他并无好感，仅仅只是使唤或利用他，人们就把这名男性称为“工具人”。“恋爱工具人”往往带有贬义、自嘲的色彩。

而在网络游戏中，“工具人”则通常指主动为他人提供便利的游戏角色。该类游戏角色一般带有辅助功能，如治疗、肉盾等，他们在游戏中没有直接杀敌的任务，仅仅是帮助玩家完成任务，任务结束后也不争名夺利，直接退场，“不带走一片云彩”。

“工具人”的说法也开始渗入到了影视作品中，用于形容作者笔下某些不费笔墨的配角。这些人物的出现往往只是为了推动剧情的发展，或仅仅作为“绿叶”来烘托主要人物，如《西游记》里时常下凡为唐僧师徒解围的天宫诸神。这些人物往往具有边缘化的特点，较之于主要人物显得个性并不鲜明，也不太容易给观众和读者留下深刻印象。

逐渐地，“工具人”的用法越来越普遍。有的时候，“工具人”还会用来指称为了满足他人的需要而被使唤，无法体现自身主观意志的人。如“在‘拼多多’(某手机购物App) 面前，谁还没做过帮忙拼团、砍价的‘工具人’？”又如“实习生就是公司的工具人”等等。有的时候，“工具人”也会用来指不需要有主观思考，只需听从相关指令去行事的人，如“看完这篇穿搭推荐，你只需要做一个copy (拷贝) 的工具人！”

不难看出，“工具人”在大多数语境中属于一个贬义词，并且带有一定的物化色彩。当一个人被称为“工具人”时，其作为“人”的主体性被忽视，而作为“工具”的功能性则被放大。在现实生活中，“被需要”固然是一种别人的认可，但丧失主观能动性的一味付出还是会折损人的尊严。每一个人都是值得被尊重的个体，都拥有独一无二的价值和力量，还是不要做“工具人”为好。

当代“社畜”生活指南

陈留佳

最近，你是不是经常在网上看见有人说自己是“社畜”？你可能有点摸不着头脑，“社畜”是“社会的畜牲”的意思吗？

其实不然。

“社畜”一词起源于日本，日语假名写作しゃちく (shachiku)，其中的“社”是“会社”的简称，“会社”即“公司”，所以“社畜”可以直接译为“公司的家畜”，是用于形容上班族的贬义词，指的就是那些在公司很顺从地工作，却被当作牲畜一样压榨的员工。这些员工的工作状态像牲畜，心态也会表现得如牲畜一般沉默、隐忍，任人宰割。

这个流行语背后，是日本特有的公司文化。日本在泡沫经济崩塌后，就职人数断崖式下跌。员工要么因为工作能力突出被留下，要么就被迫跳槽。但由于日本对“跳槽”的歧视，员工会竭尽所能留下来，因此在面临无报酬加班这样漠视员工权益的做法时，大多数人还是选择任劳任怨以期自救。旷日持久的经济萧条与严峻的就业市场把日本职业青年活生生逼成了“社畜”。

“社畜”虽然是一个舶来词，但对上班族生活状态和心理活动描述精准，再加上中国与日本有着相似的文化背景，同样严峻的就业形势和严苛的职场压力使“社畜”一词成功地被当代中国年轻人接受。而日剧和动漫等日本文化产品的输出，更是让“社畜”一词广为流传。

“社畜”的日常你一定熟悉：人还未到公司，工作内容已经被安排得明明白白；被强行塞满各种非自己职责范围内的工作，然后被领导的一句“能者多劳”打发；挑剔的甲方又一次毙掉了方案，只能在一切地点抓紧一切时间修改；生活不断地为工作让步，最后单调得只剩下两点一线……这一幕幕属于“社畜”的日常，精准地击中了当今社会被工作折磨的职场青年，大家纷纷开始用“社畜”表达无奈和辛酸。

客观来说，“社畜”确实反映了部分职场青年艰辛的生活状况，但如今的“社畜”早已超越了原来的语义，经常用于自嘲，充满调侃意味。富有创造力的网友们通过“社畜”这个梗，生发出了大量的段子、表情包与热词。从“社身畜地”（即社会人的身份，社畜的实际地位），到后来的“无畜可逃”（比喻任何一只社畜都无法逃出这个资本控制的社会）、“畜心积虑”（形容做了社畜之后，内心慢慢地就积累了很多焦虑）、“畜类拔萃”（形容那些卖力工作者，最终成为“社畜”中的杰出代表）……这届网友简直以“社畜”为词根，创造了一本成语大全。此时的“社畜”也不再是一个正经词语，成了一个“万物皆可畜”的热梗。

其实，类似的网络用语早已有之，“加班狗”“程序猿”都描述了职场青年的辛劳，996（早上九点上班，晚上九点下班，一周工作六天）才是真正的无奈。当过劳现象在中国变得异常普遍时，“社畜”终于激发了社会共鸣。

“社畜”之称不妨说是一种宣泄，一方面蕴含着“写字楼民工”们对艰难现实的不满，对自身无力改善生活品质的无奈，但另一方面又不失对现状进行自嘲调侃的可爱。我们宣泄之后还是要好好生活，毕竟，生活总会慢慢慢慢慢慢慢地变好的，不是吗？

“妈宝”的窘境

陈闻达

“我妈说不能太晚回家。”“我妈说我们在一起不合适。”“我妈说化妆的女孩子不正经。”“我妈说……”相信无论在网络空间还是日常生活中，你都遇到过这样的人，并且能即时地想到这两个字：妈宝。他们或是对妈妈言听计从，毫无主见；或是被妈妈溺爱，不懂得担负责任……总之，他们一切听妈妈的，唯“妈”命是从。

“妈宝”的来源非常早。英语中语义相近的词“mama's boy”由来已久，而2010年前后汉语词语“妈宝”也在网络上出现了。作为“妈妈的宝贝”的缩略写法，它的字面义本应是中性的，但“妈宝”甫一诞生便被用于形容成年男性，并带上了“长不大”“没担当”等贬义。同时，这个词几乎从一开始就主要以“妈宝男”的形式出现，其构词方法与早些年流行的“凤凰男”“孔雀女”极为相似，但相比之下语义更精练也更俏皮。

“妈宝男”使用了很长一段时间后又类推衍生出了一批类似用语，如“爸（爹）宝男”“妈宝女”“爸（爹）宝女”“姐宝男”，机智的网友甚至遗其形而取其神，又利用谐音创造出了“扶弟魔”（和《哈利·波特》系列小说中的大反派“伏地魔”谐音，一般指不计成本帮助弟弟的姐姐）。“嫁人不嫁妈宝男，娶妻不娶扶弟魔”，妈宝男、扶弟魔基本上被打入了婚恋鄙视链的末端。

有趣的是，当前语境下，“妈宝”一词单用一般还是只指男性不指女性；“妈宝男”“爸宝男”几乎清一色是贬义用法，而“妈宝女”“爸宝女”则很大一部分情况下不带贬义，不少女网友自称“妈宝”“妈宝女”等，甚至出现了“妈宝女”表情包。与之对应的是，“扶弟魔”只用于女性，而且始终以贬义用法为主。为何会如此？除了固定用法的强大惯性之外，“妈宝男”“妈宝女”的不同褒贬色彩更多的还是源自社会心理中对男性和女性的刻板印象：“男性应该坚强地独当一面，不应该依赖父母”，而“女性相对比较柔弱，应该受到父母宠爱”。“扶弟魔”用于讽刺女性，更多的则是和重男轻女的社会陋习有关。

尽管“妈宝”一词已在网络空间广泛使用了十余年，但由于它贴切生动，所形容的社会现象也一直存在，所以它并没有像其他网络流行语一样热闹不久就销声匿迹，而是长期活跃于大众的语言生活中。一遇到某些新的相关社会热点事件，“妈宝”“爸宝”的贬义用例又会在短时间内大量涌现，诸如《为什么“妈宝男”明星容易塌房》《从明星身上解析妈宝男的弊端》《人设崩塌？不过是妈宝男的“福报”罢了》这一类文章，时时提醒着网民们“妈宝”这一类人的存在，当然同时也在不断固化着某种社会心理。

也许，我们在跟风使用“妈宝”这个热词的时候，也应该好好思考一下，“妈宝”的窘境到底是什么原因造成的呢？我们又应该如何去避免成为“妈宝”呢？

摸不透的“迷惑行为”

何 婧

“垃圾分类迷惑行为大赏: 你是什么垃圾？”“90后抗秃迷惑行为大赏”“那些只会出现在双十一的迷惑行为”……这些文章标题配上一连串的“哈哈哈哈哈”，成为广大网友的快乐源泉。

事实上，“迷惑行为”一词起源于日本。与“摸不着头脑，使人迷乱”的中文释义不同，日语里的“迷惑”一词义为“麻烦、困扰”。与之相应，“迷惑行为”就是那些会给人带来麻烦、困扰的行为，比如在地铁上横躺着睡觉，在图书馆里大声喧哗，在记者做街头访问时故意跑到镜头前晃来晃去。日本网站设有“迷惑行为”板块，多是用来收录给他人制造麻烦的社会新闻。而日语中的“大赏”义为“大奖”，讽刺这些麻烦、困扰别人的行为足以登上领奖台来委婉地提醒大家遵守公德，不要做给周围人带来困扰却不自知的事。

然而，“迷惑行为”在中国的网络空间摇身一变，描述了那些让人感到困惑、难以理解、不知意义何在的行为，与日语中的含义区别不小。这样的转变源于翻译中的失误，日语中的“迷惑”本应该被据实翻译为它本来的意思，但它却被直接形译为相同字形的汉字词语。大量“不明真相”的群众望文生义，导致“迷惑行为”的中文释义在刷屏中逐渐增强，从含蓄内敛的“日式冷吐槽”演变为娱乐性的“中式热狂欢”，而“迷惑行为大赏”则更多地被视为迷惑行为的集锦式曝光。左手保温杯里泡枸杞，右手炸鸡烧烤麻辣烫；熬最晚的夜，敷最贵的面膜；减肥不离口，奶茶不离手；几千块的健身房年卡最后沦为了一周去一次的洗澡卡……这些都成了当代青年人令人百思不得其解的日常迷惑行为。

迷惑行为多以短视频或图片配以文字描述的形式呈现，制造欢乐的气氛，所有琐事带来的烦恼都在笑声中烟消云散。一方面，这些行为让人看不透，摸不着头脑；另一方面，这些行为轻松搞笑，奇葩却又无伤大雅。

在“迷惑行为”意义演变的过程中，汉语这门古老的语言因其包容性焕发出蓬勃的生命力，同形却不同义的“迷惑”一词在语言接触中发生碰撞，被赋予了全新的内涵。

对于迷惑行为的演绎者以及观赏者来说，迷惑行为扮演着调味剂的角色，为枯燥的生活平添了几分乐趣，使得人们找到了宣泄情绪的出口。不过，“迷惑行为”一词有时也带有些许的批判意味。有的迷惑行为一味地想要博人眼球，比如有人将猫咪置于二十余层楼的栏杆上摆拍，引来了爱猫人士的不满；有的迷惑行为充满恶趣味，甚至引起了悲剧，比如一位爸爸模仿网络上的高难度动作导致宝宝脊柱受损，实在是令人唏嘘。

总之，行为可以适度迷惑，生活却绝不可以迷路。只有把握好迷惑行为的界限，才能真正地在其中消解忧愁，收获欢乐。

硬菜和硬照

徐默凡

民间早有“吃软饭”的说法，用来讽刺男子依赖女子为生的现象。与之相映成趣的是，近来“硬菜”这个词也逐渐流行开来。那么，这个“硬菜”到底是什么菜呢？

“硬菜”这个词，应该来自东北方言，指的是用料实在、汤汁较少、吃后耐饥抗饿的荤菜。在物质匮乏的年代，“硬菜”的代表就是大鱼大肉，如红烧肉、红烧肘子、整鸡整鸭。东北菜中的著名硬菜就有锅包肉、猪肉炖粉条、铁锅炖鱼等。

因为当年生活水平低，“硬菜”不能常吃，只有来了客人的时候才吃，所以“硬菜”就和“好菜”“贵菜”画上了等号。请客的时候，有几个“硬菜”才是有面子的事，否则就不符合中国传统的待客之道。此外，喝酒的时候往往也是有所庆祝的时候，因此也需要几个“硬菜”来助兴，所以这时候“硬菜”又变成了下酒菜。赵本山、宋丹丹主演的春晚小品“白云黑土系列”第三部《策划》一开头，宋丹丹就说：“儿媳妇，整俩硬菜，家来客了。待会搁这儿喝酒。”又来客，又喝酒，当然要有几个硬菜来撑台面喽。

随着人民生活水平的提高，“吃饱”早已不成问题，大鱼大肉也根本不稀奇了，这时候“硬菜”的内涵就发生了变化，“用料实在”“耐饥抗饿”等含义消失了，“平时吃不到”“昂贵”等含义却凸显了。现在请客时，主人仍然需要点几个硬菜，但是此“硬菜”不同于彼“硬菜”，鸡鸭鱼肉早就被替换成了“葱烧海参”“酒香鲥鱼”“红烧熊掌”“芝士龙虾”等山珍海味。比如一篇《各国硬菜先品为快》的文章，就罗列了以下四道硬菜：日式料理“松茸鲍鱼茶壶汤”、韩式料理“宫廷炖牛排”、法国名菜“法式牛油煎海鲈鱼”、中式佳肴“黑猪肉炖鲍鱼配南瓜米饭”，是不是既美味又上档次呢？

物以稀为贵，“平时吃不到”“昂贵”这些义素进一步发展，就形成了“质量好”“优秀”这种褒义评价，由此“硬菜”也就产生了很多比喻用法，比如：

最近，越来越多全新换代、技术革新的法国车进入中国的消息迭出。那么就让我们舒舒服服坐好，看看这回有哪些法式“硬菜”吧！（汽车点评网）

楼市惠民新政落地　五道“硬菜”等你来品（大连房产网）

在这次春晚盛宴上，语言类节目无疑成了观众最期待的“硬菜”。（新华网）

进入第十个年头的NBA中国赛理应在北京掀起一个小高潮，不承想今年网队和国王队献上的“大餐”却是硬菜少，口味淡。（中国新闻网）

首先，两会上的七大报告是“硬菜”，它们是：政协常委会工作报告、人大常委会工作报告、政府工作报告、最高法工作报告、最高检工作报告以及计划和预算报告。（搜狐网）

这些例子中,“硬菜”分别被比喻为“技术新的法国车”“有实效的购房政策”“好看的节目”“精彩的比赛”和“扎实的会议内容”,虽然表现各异,但其“质量好”“优秀”的意义内核保持不变。

其实,到了“硬菜”中的“硬”用来表示“质量好”“优秀”的阶段,“硬”已经不是什么特殊用法,而是回到了本来就有的含义,汉语中原来就有“硬手”“硬汉”“硬实力”“硬通货”等词,“硬”的意义就是“优秀”,和“硬菜”是一脉相通的。恐怕这也是“硬菜”这么容易就被大家接受并广为流行的原因之一吧。

本文结尾再说一个相关的词——“硬照”,工具书上查不到,据百度百科解释这是“一种摄影术语,是指为广告和杂志拍的平面照”。但检索一下就可以发现,“硬照”的实际用法并不限于此,如:

懒得瘦?看看章子怡、孙俪的健身房硬照你就不犯懒了。

林志玲有不少好看的照片,但是好看的硬照却不多。

其实,看到这一类明星的街拍硬照已经不是一次两次了,照片中的她们大多身着便装,当然这些便装也都身出名门。

这些例子中“硬照”主要是指“精心拍摄、有精彩内容的照片”,这个用法和“硬菜”是如出一辙的。

“婚活”时代

姚鑫珂

如果你看过《非诚勿扰》《我们结婚吧》这类婚恋节目，参加过相亲活动，那么你已对“婚活”有一定了解了。

这个词来源于日语，“婚活（こんかつ）”一词是“結婚活動（けっこんかつどう）”的简称。顾名思义，“婚活”就是为了找到理想结婚对象而进行的自发性社交活动。2009年春在日本播出的电视剧《婚活、离活》便讲述了两位婚姻价值观完全不同的女性为了各自的幸福积极参加各种活动的故事，反映了现代日本社会婚恋观念的变化。

“婚活”最突出的两个特征是目的明确、态度坚决。不同于普通征婚、联谊活动，“婚活”的更深层语义是以一种找工作的态度和决心来找结婚对象的活动，经常参与者也被称为“婚活族”。由于需求量大，日本还衍生出了服务于“婚活”的“婚活市场”，即为婚活族提供专业服务的场所，采用会员登记制安排“婚活居酒屋”“婚活派对”等相亲见面活动。

“婚活”一词引入汉语后，受到汉语中“活”既指“活动”又指“生活”的影响，“婚活”便不仅仅是活动的意思了，还引申出了生活方式的含义，即一种过分看重婚姻，仅以结婚为目的的恋爱方式。

也许有人觉得“婚活”形式带给人们直奔结婚主题、缺少浪漫的感受，但是也应该看到，随着社会发展、经济增长和观念更新，人们在择偶这件事上有了更多的选择自由，因此婚活现象的出现实际上反映了现代婚恋观念平等与自由的特征。在这个意义上，“婚活”或许也可以理解为“为掌握婚姻的自主选择权而进行的自发性择偶活动”。婚活其实也是一种高效率的找对象方式吧？

日语中不仅仅有“婚活”，而且“××活”的使用十分普遍，以至于“活”成为一个常见的构词后缀，像“离活”“朝活”“就活”“终活”等。看到这些词你现在应该也能猜出个大概意思了吧！“离活”与“婚活”相对应，是指为了离婚而进行的相关活动，如法律咨询、财产划分等；“朝活”对于工作态度严谨的日本人来说更不陌生，他们认为一天最有效率的时间应该在早晨，所以出现了“朝活”一词，即“朝の時間を活かす”，译为“有效利用早晨的时间”；“就活”则是为了就业而进行的各种活动的总称，有点类似于我们的大学生求职活动；而“终活”便是人们在应对死亡时提前做的一些准备，比如财产分配、写遗嘱、商讨葬礼等。

可以看出来，日本人对生活中大大小小的事情都保持着严谨敬畏的态度，从婚姻到就职，从工作态度到临终计划，他们用“活动”来为每一种人生阶段命名并认真对待。这样一种对人生负责的态度，是值得尊敬的。一种语言现象的背后往往影射着某些民族的文化基因。

那么，中国“婚活时代”不远了吗？其实我们不必对此过于忧愁或期待，认真对待生活中的每一件事就是最好的回答。

“社会性死亡”，“死”的是什么

黄雨虹

近来，人们在网络上频频看到“社会性死亡”一词，“死亡”这一不少人避讳的词语，忽然以一种新的姿态成为了网络热词。这让人不禁疑惑，“社会性死亡”，“死”的是什么？

“社会性死亡”一词最早的出处是美国作家托马斯·林奇所写的《殡葬人手记》。在书中，作者对死亡进行了分类：“死亡有多重意义。听诊器和脑电波测出的，叫‘肌体死亡’；以神经末端和分子的活动为基准确定的，叫‘代谢死亡’；最后是亲友和邻居所公知的死亡，‘社会性死亡’。”这一段文字中提出的“社会性死亡”，意指逝者的亲朋好友得知了他的死亡，是对于个体死亡的社会性确认。而如今作为网络流行语的“社会性死亡”，则有着另外的意思。

在网络语境中，人们常常用“社会性死亡”形容自己在公共场合出糗后非常尴尬的状态。目前已有几十万成员的豆瓣“社会性死亡”小组较早将这个词带入了网友们的视野。通过在小组中发帖自嘲，许多人分享着自己日常生活的相关经历。这里所使用的“社会性死亡”是一种夸张的表述，表达出当事人内心极度尴尬的状态。而“社会性”则对“死亡”进行修饰，将出糗发生的场合限定在了具有社会属性的公共场所。“社会性死亡”，“死”的是人们在公众场合维持的体面形象，有点类似于开玩笑时所说的“我形象都没了”。

此外，网友们还常常会使用许多由“社会性死亡”衍生而出的词汇。比如“大型社死现场”，比起强调人所处的状态更偏重于对当时情景的形容：“上网课忘了关麦克风，老师和全班同学都听到我问我妈中午吃什么了，那一刻简直是‘大型社死现场’。”“社会性复活”则是通过自己的临场反应避免“社会性死亡”：“今天在路上认错了人，还上去拍了拍人家肩膀，幸亏我机智，当时就微笑着假装向他问路，及时‘社会性复活’。”

伴随越来越多人对“社会性死亡”的认识和使用，这个词也引申出了一层新的含义：在一些社会性事件未明之时，便有许多网友对于这些事件发表极端的评价，而这些声音伴随人肉搜索等网络暴力手段，从网络空间蔓延到现实生活，中伤当事人的社会声誉，使他们逐渐失去工作、朋友等社会关系，陷入抑郁。在承受了一系列的身心伤害后，有一些人甚至选择了走向真正的死亡。如此“社会性死亡”，实在令人扼腕。对此，人民网、央视新闻等许多主流媒体也屡屡发文，呼吁网络空间中的理性表达。在“社会性死亡”的这一词义演变中，我们可以看到网络语言对于严肃话语体系的反哺。

“社会性死亡”式的自嘲，对于当下的年轻人来说，是积极排解自我情绪的一种方式。然而，另一层意义上的“社会性死亡”，却让我们不禁反思集体无意识下的网络暴力。“社会性死亡”，“死”的不应该是我们的理性思考，理智的声音才能助力营造更友善的网络话语环境。

“沉浸式”阅读这篇文章吧！

宋楚莹

刷小视频时，你可能会看到带有“沉浸式”字样的标题，内容一般是专心致志地做标题所说的事情，不说话，没有背景音乐，没有旁白。比如“沉浸式化妆”，视频中的人物专心地对着镜子化妆，时而敲击化妆品制造声音，时而给化妆品来一个特写。再如“沉浸式吃饭”，展现了从制作美食到品尝美食的全过程。2021年全运会期间，不少网友也发布了“沉浸式观看比赛”的视频，录下了运动员比赛的全过程，传达出对运动员们的喜爱。

仿佛万事皆可“沉浸式”，不论做什么事情，前面都可以加一个“沉浸式”。你是否会好奇“沉浸式”到底是一种什么模式？“沉浸式”究竟使人沉浸了什么？

其实，传统的“沉浸式”出现在语言教学领域，是一种在国际上流行多年并有许多成功范例的语言培训方法——沉浸式教育法。这种方法始创于20世纪60年代的加拿大法语区，让外语学习者沉浸在一个相对封闭的环境中，衣食住行全方位、全时段使用所学的外语，从而阻断母语的干扰，在短时间内形成所学习外语的思维习惯，达到灵活运用该语言的目的。

在语言教学领域之外，在“沉浸式”小视频流行之前，国内已经出现了“沉浸式剧场”“沉浸式光影餐厅”“沉浸式体验馆”等娱乐场所。这一类场所运用了美国心理学家米哈伊·奇凯岑特米哈伊（M. Csikszentmihalyi）在1975年提出的“沉浸理论”（Flow Theory），即指人们在进行活动时完全投入情境当中，注意力专注，并且过滤掉所有不相关的知觉，即进入沉浸状态。他们力求打造在视觉、听觉上能带给参与者沉浸于其中的体验环境，比如：在沉浸式剧场中，观众席在舞台中间，演员和观众之间近乎零距离，从而使观众沉浸于话剧表演当中；而沉浸式体验馆有着酷炫的电子屏幕和背景音乐，体验者可以沉浸于屏幕所呈现的虚拟环境，享受这一环境带来的视听美感。

现在流行的“沉浸式”视频和沉浸式外语培训模式、沉浸式娱乐体验一样，都有使人沉浸于一个环境中专心致志做一件事情的特点。但现在网民们将所沉浸的环境扩大到语言环境、娱乐环境之外的其他生活情景，比如吃饭、学习、运动、化妆等等，为“沉浸式”带来了更多的应用案例，也将“沉浸式”的意义引申到更大的范围，使之大大泛化了。在沉浸式外语培训模式中，语言学习者所沉浸的是语言思维模式，沉浸式娱乐体验使人沉浸的是视觉与听觉享受，这些沉浸对象都需要刻意营造，去克服日常环境的影响，才能达到“沉浸”的目的。而现在流行的“沉浸式”视频中，吃饭、学习、运动本来就是需要心无旁骛的，为什么还要强调“沉浸式”呢？原来，现代人的生活实在太匆忙，已经很少有耐心专心致志地做一件事情，“沉浸式××”的兴起，就是对这一种浮躁风气的拨乱反正。比如吃饭，我们已经习惯于边吃饭边刷剧、边吃饭边玩游戏、边吃饭边闲聊……已经很久没有安静地吃饭了。而沉浸式吃饭，会注重制作的讲究程序、食物的丰富诱人、食客的细嚼慢咽和略带夸张的享受表情……而且，这里的“沉浸式”既可以指视频角色沉浸于吃饭的过程中，也可以指视频观众跟着沉浸下来，仿佛自己也坐在饭桌之前，享受这一顿美味佳肴。“沉浸式吃饭”所沉浸的一筷一勺一口，“沉浸式学习”所沉浸的一纸一笔一字，也让屏幕面前的人摆脱烦恼而沉浸于画面之中、平静之中。

希望这篇小文章，也能让此刻正在阅读的你，进入一种“沉浸式阅读”的状态。

精神自律≠精神胜利

郑添奕

随着社会的发展，人们的生活节奏越来越快，这使得时间对于人们来说越来越宝贵，越来越多的人发现自己“时间不够用，但工作越来越多”。伴随着这种趋势，互联网上越来越多的人开始呼唤“自律”，并且有越来越多的人开始分享“自律教程”。“早上六点起床，六点二十健身，七点洗澡，七点二十吃早餐……”越来越多这样的时刻表在互联网上流传，似乎这样高度程式化的生活安排已经成了一种理想的生活方式。

然而，随着“自律”的呼声越来越高，在互联网上还出现了一个新的词语——“精神自律”。“精神自律”一词的主要使用者是年轻人群，形容在精神层面极度自律，道理懂得很多，每天告诉自己“我得自律，我要合理安排每天的计划，只有自律才能给我自由”，但刚说完就又拿起手机躺下了。“精神自律”似乎是一种虚假的努力，用网络流行的话说就是“间歇性踌躇满志，持续性混吃等死”。年轻人使用“精神自律”一词，主要是自嘲自己效率不高、生活颓废，常常与“躺平”“颓废”等词联系在一起。

从“精神自律”的含义和用法可以看出，“精神自律”的“精神”主要指与“现实”相对的概念，偏向于主观想象和虚构，与阿Q的

"精神胜利法"中的"精神"一词如出一辙。"精神胜利法"中的"精神"主要是指阿Q逃避现实，在心理上进行自我欺骗；而"精神自律"同样也是指年轻人在心理层面暗示自己要自律，而实际上并没有自律的情况。我们都知道，阿Q是一个得过且过、不知上进的人，如果用今天互联网上的词来形容，是真正意义上的"混吃等死"。可当今年轻人也是如此吗？答案显然是否定的。

其实，现在网上大肆宣传的所谓"自律教程"和"自律时刻表"，更多地倾向于一种精英式自律，这种自律模式的前提是具有足够的财富，同时具有大量可自由支配的时间。而现在的年轻人往往需要上班、上学，可自由支配的时间并不充足，自然也无法满足"自律教程"中的要求。因此，用这套标准来衡量年轻人是否自律，显然是失之偏颇的。

实际上，随着社会的发展，现在年轻人对生活的追求悄然发生了变化。越来越多的年轻人已经不再像前几代人那样，信奉"时间就是金钱"，废寝忘食地学习、工作，为了将来能有足够的积蓄买车、买房、结婚生子，甚至不惜以损害健康为代价。现在年轻人的着眼点已经转移到了提高自己生活的质量，追求自己喜爱的事物上，越来越多的年轻人种起了花，养起了狗，开始做一些在旧观念里"中老年人才会做的事"。这被许多人误解成年轻人不再自律、不再努力，只是颓废消极地度日。可实际上，这些都只是年轻一代转变了生活方式，转变了生活态度而已。

种种证据表明，"精神自律"和"躺平""丧"一起，只是年轻人的自嘲和玩笑。实际上，越来越多的年轻人坚持每天阅读，坚持锻炼身体，坚持自己的兴趣爱好，坚持过舒适并且喜爱的生活——无论嘴上如何“躺平”，背地里都在努力积极向上。

其实，无论采取何种生活方式，只要生活得健康、快乐，就是好的生活。如今互联网上高呼的不再是“时间就是生命”，而是变成了“爱我所爱”。“爱我所爱”，就是要爱自己的个性，爱自己的生活。而“精神自律”，正是对这种理念的一种自嘲式诠释。

别内卷了，“躺平”吧！

朱晨燕

2021年的年中，“躺平”成了各大平台争论的焦点——是选择“躺平”还是拒绝“躺平”，这是一个问题。

“躺平”一词本指“平卧”，即“躺下身子背靠床面或地面”，引申为“休息”。而“躺平”了之后，人也会陷入舒适状态中，暂时忽略外界的干扰。因此，网络语言中的“躺平”指无论发生什么事情，内心都毫无波澜，对此不会有任何反应或者反抗，只是保持顺从的心态。例如，“面对高不可及的房价，很多青年从一开始就选择‘躺平’，购房从不在议事日程上出现”，这里的“躺平”就是遭遇困难而屈服、不作为的意思。

随着“躺平”的迅速走红，它从不作为、屈服、顺从的含义中又生发出了程度更深的含义——无欲无求、不思进取、得过且过的状态。同时，“躺平”在使用中也和特定的群体紧密相连，一提起“躺平”，形容的就是某一群具有“佛系”生活状态的年轻人。

由“躺平”还衍生出了一系列网语，“躺平主义”“躺平学”纷纷兴起。“躺平学”是主张放弃拼命工作攒钱、焦虑又伤身的生活，主动降低物质欲望的一种生活哲学。由网友编写的“躺平学导论”的搞笑课程PPT也在网络流传，和之前流传的“摸鱼学导论”成为了网络最悠闲课程中的“双子星”。

“躺平”在短时间内成为“击中人心”的网络热词，一方面是因为这样的思想背景早已有之。“躺平”的含义和状态跟之前流行的“丧”“宅”“佛系”等异曲同工，相似理念的流行给“躺平”奠定了一个更好的接受环境。其实，躺平现象在其他国家也有体现，日本年轻一代不愿意再背负风险，在一个奋斗不再能改变命运的社会里，年轻人群开始对周围的一切丧失兴趣。丧失物欲、成功欲，既是日本低欲望社会的特点，也是“躺平”主张的表现。

另一方面，关于“内卷”的争论还未平息，究竟是否应该鼓励“内卷”，难以达成社会的共识，“躺平”的出现更像是战场的转移。“躺平”的状态颓丧程度更甚，混日子、图清闲，这种状态与中国传统文化推崇的自强不息精神显然是相悖的，于是引发了一众“前浪”对“后浪”的深深忧虑。有人提出，千万不能因为不喜欢“内卷”，就采取“躺平”的态度，“躺平”是极不负责任的态度。当然也有人为年轻人辩护：对于青年一代来说，言必“躺平”仅仅是一种自嘲与解压的打趣方式，大多数年轻人从来没有将“躺平”作为现实的主流选择，读不懂这种吐槽，对奋斗着的年轻人也是一种不公。

“躺平”在短时间内成为社会热点，引发激烈讨论，有着复杂的社会心理基础。年轻人拥有奋发向上的进取姿态，这本身是值得肯定的；但也应该看到，很多年轻人面对重压选择降低期望值，也是无可厚非的。也许当年轻人找到生活中的乐趣，也没有那些社会舆论的压力之后，很多发展目标就会在不经意之中慢慢实现。

网民智慧

我们都爱“阿中哥”

朱玲奕

前些日子，“阿中哥”在网上爆红，各大网站随处可见“阿中哥”的粉丝对自己爱豆（即偶像）的表白，包括“我们都有一个爱豆，名字叫阿中”“球圈top阿中哥”“守护全世界最好的阿中”，等等。

“阿中哥”是谁？实际上，阿中哥并不是具体的某个个人，而是中国网民群体特别是“饭圈女孩”对中国的一种爱称。“饭圈”即粉丝圈，“饭”源于“粉丝”的英文fan的音译，“饭圈女孩”是对追星女孩的统称。

“阿中哥”一词将中国拟人化了。将国家拟人化本身不是什么新鲜的事，比如为了迎接2020东京奥运会，日本有画师以各个国家的国旗为蓝本，为各国制作了不同的动漫形象，引发了国内外网友的热情转发。除此之外，我们经常听到的“祖国母亲”等说法，其实也是赋予了国家以人格特征。

“阿中哥”说法的特别之处在于带有浓厚的地域色彩与饭圈色彩。一方面，名字前面加“阿”显得通俗亲切；另一方面，饭圈女孩习惯称自己喜欢的男性偶像为“哥哥”，“阿中哥”的命名方式正体现了这一点。

饭圈女孩对她们“阿中哥”的坚定维护，让很多原来反感粉丝

“控评”的人第一次对饭圈女孩产生了好感。“控评”即操控评论，通常的做法是闭眼夸自己的偶像，然后给同样是闭眼夸的评论点赞，借此达到把正面评论顶上热评的目的。除了控评，饭圈女孩平时还会为了自己的爱豆，动不动就和人吵得不可开交，种种不理智的行为都难免会给外人留下不好的印象。

但是在2019年的香港事件中，饭圈女孩发起的“阿中哥保卫战”扭转了她们以往在旁人眼中的形象。饭圈女孩充分发挥特长，灵活运用各种饭圈用语，向“香港暴力分子”开战，语言诙谐但态度严肃：“抱走我家阿中哥哥，请‘暴力分子’独立行走，不要来碰瓷。”“中华人民共和国的女人绝不认输。”“为阿中哥疯狂打call！”

大家还不忘为阿中哥加上各种偶像式标签：“五千年来顶级流量”“全世界内人气TOP”“官方注册粉丝14亿”“东方之龙未来可期”，等等。

与偶像阿中哥相对应，阿中哥的粉丝也拥有自己的称号——izhong。字母“i”在英文中的意思是“我”，在汉语中谐音“爱”，“zhong”则是“中国”的“中”字的拼音，“i”和“zhong”连起来组成的“izhong”则义为“爱中国的人”。事实上，“i”+“偶像名字中一个字的拼音”这种别出心裁的命名方式同样来自饭圈文化，因此，对用“izhong”指代阿中哥的粉丝群体的做法也就不难理解了。

“阿中哥”的称呼自诞生以来，不但在网民之间广为流传，而且得到了官方媒体的认可。其中，央视主播郭志坚为阿中哥录了应援视频，对该词进行了活学活用：

“今天的‘阿中哥’是要个头有个头、要颜值有颜值的‘高清’靓仔。高，说的是从一穷二白到位居世界第二大经济体，各方面发展芝麻开花节节高；清，指的是山河清丽政治清明。国庆将至，把一些小污点再清理清理，我们迎大庆！转发支持‘阿中哥’！”

“阿中哥”一词的大热，在一定程度上可以归功为饭圈女孩的成功突围，但更重要的还是大家对祖国的深沉的爱。这份爱存在于饭圈内外我们每一个中国人的内心深处。因为这份爱的存在，我们愿意将祖国亲切地称为“阿中哥”，愿意用自己的绵薄之力，为这个国民偶像保驾护航。

“盗图”有道

颜鑫渝

不知从什么时候开始，“盗图”一词已经进入人们的日常生活。“盗”是“偷窃、用不正当手段谋取”的意思，而“图”经常指图画，“盗图”就是“偷画”。但是，随着互联网的普及，这个“图”逐渐由实体变为了网页上的电子图片，也就是网页、网店中用到的各类配图，其中图片更以照片为主。

正是“图”这样的语义变迁使得“盗图”成为可能——不再是将实体的画作偷窃走，而是复制他人的网络图片，人人轻点鼠标便可操作，更有甚者还抹掉表示版权的水印，打上新的水印，佯装自己拍摄的美图。有些网店更是通过盗取别人的图片省下了大笔模特拍摄费用。此类行为实际上是对他人劳动成果的窃取，所以，“盗图”在本质上仍是“盗”，是被法律所认定的一种违法行为——主要涉嫌侵犯著作权人的署名权、复制权和信息网络传播权。在同样的语境下，仿照“盗图”的用法还产生了相关的其他词语，如“盗画”——盗取别人创作的电子画作，“盗文”——盗取别人的文案等。

因此，网络上有对“盗图”行为的严厉谴责，如“实物拍摄，严禁盗图”“盗图必究”等等。这是人们维权意识的体现。但是“盗图”一词是否就一定被理解为贬义呢？并不是。在上述“盗图”的描述中，可以看到一个由于被盗图而利益受损的受害方，盗图方与被盗方存在利益之争，且盗图方式是不告而取。但是在现实生活的社交圈中，未必存在如此利益之争，这时的“盗图”不光不表示贬义，更因为贬词褒用而带上了幽默感。

例如在都是熟人好友的微博、朋友圈中，有人发了最近参与相关活动的美图，这时候就会有人在下面评论“你照得真好看，盗图盗图！”“我盗图啦！”这显然不是告诉他“我将偷窃你作为劳动成果的图片”，由于这里不存在上述尖锐的利益之争，故此处仅是亲昵热情、颇带自我调侃之意地表示“你的图真好看，我‘盗’用你的图你不介意吧”——回答当然是“好呀好呀”。这样一个语境中，朋友们在分享一种喜悦，在共享一种欢乐的时光。这种行为与其说是盗，不如说是取，先告后取比不告而取更多了温情和体谅。

盗图之道，在于坚持版权意识，和朋友小打小闹无伤大雅。但是借用他人劳动成果，还是要有尊重之心，带上版权，联系作者，才算“盗亦有道”。

轻易“破防”的你我他

李钰暄

“破防”一词，原是游戏术语“破除防御”的简称，指在游戏中防御装备或是防御技能被攻破，失去了防守效果的现象。而如今的“破防”却成为网络红词，“给我整破防了”这样的言论，或是“全网破防”这样的标题，早已是司空见惯，那么究竟什么是“破防”？

网络流行的“破防”，已经是一个引申义，用于隐喻人的心理防线被突破，也就是受到一种较强的心理冲击。起初，“破防”指的是在双方互动中，一方严重打击了对方情绪，而另一方被戳到痛处后恼羞成怒，用网络语言来描述就是“扎心了”“心态崩了”“他急了”，一方的“唇枪舌剑”让另一方“万箭穿心”。可见，此时的“破防”是因某种刺激而情绪崩溃，是一个充满了负面情绪的词语。例如，近期一位明星在直播时被弹幕中一些语带嘲讽的言论激怒，当场“破防”，气得拍桌，随后更是关掉直播。

逐渐，更多的人选择自称被“破防”了。此时的“破防”从先前的被他人的挑衅激怒，变成了自己因生活琐事而引发的情绪波动。其中一种自称“破防”是对生活琐事的抱怨牢骚，用于表达自己难以承受压力或是遇到倒霉事，感到情绪波动甚至崩溃，例如“吃方便面居然没有调料包，破防了！”“今天又要加班，已经连续好几天啦，破防了。”另一种自称“破防”则是一种缓解尴尬的自嘲，以自嘲达到解嘲的目的，是一种对于尴尬之事的幽默应对。例如，女孩发朋友圈说：“破防了朋友们，男朋友说我要是再吃那么多，就穿不下S码的衣服了。”此时，“破防”所导致的结果已从“情绪崩溃”转变为“自我调侃”了。究其原因，首先是人们扩大了“破防”的定义，同时削弱了“破防”一词的强烈负面情绪；其次是因为豁达乐观慢慢成为自媒体时代的社会标签，人们开始乐于自我分享，甚至自我调侃。

再进一步发展，“破防”的语义更加泛化了，用来表示内心受到触动或是引发共鸣，从而产生了认同感。例如网友说：“破防了，我闺蜜的九年爱情长跑终于修成正果。”此“破防”就是替朋友高兴，因朋友的圆满爱情而感到无比欣慰。再如中国女子体操选手卢玉菲掉杠站起来第一句话就是“可以再翻吗”，网友集体破防，此时“破防”则是网友们对奥运选手的心疼与对其敬业精神的感动。而在观看建党百年庆祝大会和建党百年文艺演出时，一帧帧破防画面让网友动容，此时“破防”即是庆典激发强烈的民族认同感。这些用法中的“破防”已经变成了一个完完全全的正向词语，意指感人之事引发广泛的共鸣。不过，“破防”太多以后，网友也有了一些批评的声音，有人认为“破防”是“自我感动”或是“阿Q精神”，但我们仍然相信，大多数“破防”背后是自嘲的豁达，也是内心的触动。

虽说这是个网络词汇代谢迅速的时代，“破防”一词也许很快会退潮，但真实亲历过的情绪感受不会，这些感动的记忆，塑造了我们每一个人。

谁道人生无再少，吾辈皆言“爷青回”

高安奕

近年来，“弹幕”成为了许多热门网络流行语的新出处。2020年12月1日，弹幕视频网站哔哩哔哩宣布“爷青回”被评为2020年年度弹幕，成为该网站年度使用频率最高的弹幕用语，标志着一股网络怀旧风潮的形成。这位神秘的“爷”是谁？“青回”又是怎么回事？还请听我细细道来。

其实，“爷青回”是“爷的青春回来了”的缩略形式，本是“爷青结”（即“爷的青春结束了”）的衍生词，但热度却远超于它。在使用中，“爷青结”一般用于表达自己喜爱的东西消失的幻灭感，而“爷青回”传递出的就是时隔多年再次看到记忆中某事物的激动心情。

“爷青回”与“爷青结”虽是近年来新兴的流行词语，但缩略语这种形式早已渗透进人们的语言生活：“五古”“七律”“孔孟”等古代汉语缩略词沿用至今，现代化的“政协”“人大”“欧盟”等缩略语在中国已成为家喻户晓的通用语。今天，缩略语更是通过互联网如春笋般涌入人们的视野。前些年“喜大普奔”“累觉不爱”等四字格缩略语风靡一时，近期“xswl（笑死我了）”“ylsl（有一说一）”等首字母缩略语又成为了网语热门。而这也不仅仅是在汉语中出现的特殊现象，在其他语言里也有类似的情况，如英语使用者在网络上常用的"lol (laugh out loud)""btw (by the way)"等。可见缩略语是一种语言的共通现象，其特点是言简义丰，可谓"麻雀虽小，五脏俱全"。

再说回"爷青回"，这是一个蕴含着极大能量的词语：当我们以"爷"自称时，会自然而然地自信起来，所以"爷青回"三个字充分显示出人们对于一代人回忆与经历的强烈自我认同感，通过将某些事物打上"青春"的烙印，大胆表露着对某一事物以及其所属时代的归属感。由此，具有相同情感的人们构成了一个个回忆"共同体"，形成了一股大众风潮。原本隐晦而难以表达的情感，一句"爷青回"就能让大家都心领神会，感同身受。不管经历、阅历如何不同，"爷青回"或许是描述我们在那一刹那感受的最贴切的符号，是一种超越了时间的情感表达，内蕴非常丰富。

"爷青回"比"爷青结"更流行的现状，也反映出当今时代大众怀抱希望、乐观积极的心理状态，人们通过互联网这种新兴媒介抒发着对于时间的渴望和留恋，表达着对青春的赞美与向往。九百多年前，苏轼发出了"谁道人生无再少？门前流水尚能西"的豪言壮语；如今，"爷青回"散发着同样的魅力，展现出当今时代人们独特的精神意志。

“遇事不决，量子力学”

卢 怡

近日，“遇事不决，量子力学”这一朗朗上口的流行语蹿红网络。乍一看让人有些摸不着头脑：“遇事不决”为何会与物理学领域“高大上”的专业术语“量子力学”联系在一起？

“遇事不决，量子力学”的后一部分是个省略结构，完整理解应是“如果遇事不能决断，那么求助量子力学来解决”，前后两个短语构成假设关系。这一网络流行语源自日本动漫。一些作品中时常出现涉及超自然现象的剧情，为了丰富故事内涵，导演会把离奇剧情的解释归结到物理学中的量子力学。“遇事不决，量子力学”便频频出现于动漫弹幕中，用于动漫迷们对剧情设定的调侃。

事实上，立足于微观物质规律的量子力学是20世纪极具突破性和争议性的科学成果之一，量子的不确定性让人们不得不相信“上帝似乎是玩骰子的”。由于这种神秘的不确定性，量子力学高深难懂以至于学界至今也无法对它做出完美清晰的解释。

从量子力学延伸出的“平行宇宙”等概念是科幻影视常有的设定，然而深奥的学理并不能为常人所理解，这一点正符合科幻影视作品的特点。“量子力学是个筐，什么都能往里装”，科幻电影的剧情逻辑解释不通就转而依靠量子力学这个“万金油”来搪塞。玄妙的科学解释一出现，普通观众虽一头雾水但也会觉得似乎有道理而将不合理之处“选择性”忽略。“遇事不决，量子力学”的调侃从动漫作品波及科幻影视，既表达了观众在观影时无法理解深奥原理而放弃思考的无奈，又包含了观众对科幻影视作品敷衍了事、蒙混过关的嘲讽。

“遇事不决，量子力学”的流行逐渐从荧屏上蔓延至日常生活中，其中“事”的外延从影视剧情扩大到人们在实际生活中遇到的大大小小的难事。“遇事不决”是因为对问题没有确定性的把握，无法做出正确的行为判断；“量子力学”因具有不确定性和深奥难懂的特点而不知不觉间过渡为神秘玄妙、无所不能的超能力。当大众对某一不确定的问题难以做出决策时，与其选择自我挣扎，不如诉诸这份超自然的“神力”，靠老天来解决问题。无助与无奈之中也诞生出一种“听天由命”的宿命论意味。

除了本身生动幽默的含义外，朗朗上口的形式也成为这一网络用语风靡一时的加速器，并引发网友的模仿续写热潮：

遇事不决，量子力学。

解释不通，穿越时空。

脑洞不够，平行宇宙。

风格跳跃，虚拟世界。

这些结构都是前后两个四字短语，工整且押韵，读起来顺口悦耳、节奏感强，方便记忆，无形之中也增添了幽默感。

和“遇事不决，量子力学”同样引发网友关注的还有各种披着“量子”外衣招摇撞骗的伪科学。“量子波动速读”“量子鞋垫”“量子整容”“量子鉴定”等等“量子××”技术如雨后春笋般挤进公众视野，一些不明真相的群众甚至趋之若鹜。普通事物加上“量子”头衔似乎就自动和高科技画上了等号，然而任何冠冕堂皇的借口都改变不了骗局的本质。

无论是“遇事不决，量子力学”的蹿红还是“量子××”的流行，其中尽管带有不理性的成分，但不理性的背后隐含了大众对科技的崇拜和殷切期待。不过对待科学理应保持一份严谨客观的态度，遇事不决，不要动辄“量子力学”呀！

换了“人间”

钟雨辰

“星河滚烫，你是人间理想。皓月清明，你是人间曙光……”在当今网络文化中，“人间××”的字眼已不罕见。仿佛万事万物只要与“人间”相连，便会自动加上一层朦胧而文艺的滤镜。然而在这些网语中，“人间”被流行文化赋予了新的内涵，与本义渐去渐远。键盘敲下的那些浪漫宣言，字里行间，早已悄悄换了“人间”。

“人间”一词古已有之，在词典中有“人类社会”“尘世”“民间”等含义，人们运用“人间××”的形式构造了无数习惯用语，如“人间天堂”“人间地狱”“人间仙境”等。这些用法中，“人间”基本保留了本义“在尘世的”，在结构上作为定语修饰其后的部分。“人间”后面的“××”多指非人间的处所，如仙境、地狱等。在整体上，“人间××”指“在人世间的像××一样的地方”，形容某个处所虽在人世间却拥有非人间的特征。例如，“苏杭真可谓人间天堂”指苏杭是在人间的天堂一般的所在，也就是说苏杭景色优美恰似天堂。

在如今的网络社交中，“人间××”指处所的传统用法逐渐退居幕后，而指人的用法正当流行。“人间”的第二种用法，是在“人间”后面附加比较抽象的形容词或名词。此处的“人间”还保留部分本义，指“人世间最高的、最纯粹的”，而此时“人间”后面的“××”则多是某种具有积极意义的品质或抽象事物，如“温柔”“理想”等。在整体上，这类“人间××”形容某个人是世间最高、最纯粹的“××”，或某个人拥有世间最高的“××”品质。与传统用法相比，此种用法将指代的范围从处所转移到人，多用于夸赞他人，普遍呈现出积极的情感意义。例如开篇所举的“你是人间理想”的例子，即说你是人世间最极致的理想，从而表达说话人的倾慕与赞美之情。

当下粉丝文化还赋予了“人间××”第三种用法：粉丝们总是热衷于用各种方式为偶像进行宣传，其中一种方式就是利用“人间××”的形式为偶像取绰号。这类作为绰号的“人间××”同样是具有积极意义的夸赞名词，其中“人间”后面的部分多是具象的事物，一般是粉丝找到偶像身上的某个特质，再和某种具体的事物相对应，组成这种“人间××”的绰号来夸赞偶像。例如“人间水蜜桃”是说偶像的皮肤粉嫩水灵，如果水蜜桃变成人大概就是这个样子。而“人间喇叭”则是描写这个人说话声音响亮，就好像是喇叭转世来到人间。

在“人间××”的第三种用法中，“人间”完全背离在汉语中的本义，更倾向于指“人类中的”的含义，而这一含义可能与日韩文化的输入及译介有关。最著名的一个例子是日本小说家太宰治的作品《人间失格》，其书名的日文是“にんげんしっかく”。其中“にんげん”有“人”的意思，指向社会性的有情感的“人”，而“にんげんしっかく”直译成中文的意思近似于“失去了生而为人的资格”。同时在日语中，“にんげん”与“人間”是一个词，其语音和意义都相同。因此在将书名“にんげんしっかく”译成中文时，译者很有可能参考了日语中“人間”（即“にんげん”）的含义，选取与其形态相似的汉语词“人间”作为译名的一部分。在这种翻译策略中，汉语词“人间”也逐渐融入了日语词“人間”代表的“人类”“人类中的”等含义。这种“人间××”用于夸赞，比“人间××”的第二种用法更显生动有趣。

例如想要夸赞一个人气质温柔的时候，同样用“人间××”来形容，用“人间温柔”指明此人拥有世间最高最纯粹的温柔，固然可以清晰明白地传达赞美之情，但若用“人间四月”“人间春水”一类来形容则会让人琢磨“四月”“春水”的特点，稍加思考便能得出这是说温柔明媚的四月天、温柔灵动的春水若成人形，便如此人形状，不但用生动的意象加深了读者印象，还增加了语言超常使用的新鲜感。

“人间××”在汉语中的用法大致呈现出以上三种类型。在当今网络文化中，后两种“人间××”式的夸赞更是随处可见。然而夸赞有风险，使用“人间”还需谨慎。在选取“人间××”式的绰号时，如不能根据其特点准确找到对应的事物，或找到的事物本身含义并不简单明确，则难免会使人一头雾水。例如“人间灭火器”的绰号就让人觉得不知所云，究竟是能使人心中平静祛除“火气”，还是所到之处皆无热度“火”不起来？此外，“人间××”的使用频率也不宜过高。例如文章开篇展示的流行语，其原句是“星河滚烫，你是人间理想。皓月清明，你是人间曙光。举世皆浊，你是澄澈目光。山河冷漠，你是人间炙热。众人平庸，你是人间星光。世事无常，你是人间琳琅。满树繁花，你是心之所向。”这样的夸赞和告白固然浪漫，可众多“人间××”的堆砌难免让人觉得过于理想而不切实际，类似于一种“强捧”。

可见，使用“人间××”式的夸赞还需注意态度真诚、接地气，让被吹到天上的追捧回到“人间”。

你是“可爱本爱”吗

茅嘉琪

“可爱本爱”本是饭圈用语（“饭圈”指粉丝群体），后来网友从中提炼出“××本×”的结构，并且开始在日常聊天中广泛使用。

“本”在《现代汉语词典》中有一个解释是“指示代词，指自己方面的”，可以在后面加上“人”“身”等，指当事人自己。作为“××本×”这个结构中的固定元素，“本”可以被用来当作反身代词，来指代“本”字前面的词语。但是不同于“本”后接名词的一般用法，“××本×”结构中“本”后面的部分重复了“本”前面部分的一个语素，前后两项共用一个成分，具有互相说明的复制关系。“可爱本爱”中后一个“爱”就是前面“可爱”的意思。此外，这个结构还利用了“本”的另一个义项，即“事物的根本、根源”，因此结构中的“×”也是对“××”中最典型的、最本质含义的强调。所以，“可爱本爱”指的就是“可爱人群中最典型的一个”。

“××本×”这个结构从形式上来说可以大致分为三类：AB本A（如“仙女本仙”），AB本B（如“可爱本爱”），ABC本C（如“柠檬精本精”）。不难发现，“AB本×”中的“×”可以是“A”也可以是“B”，选择“A”“B”中的哪一个作为“×”并不是随机的，这取决于“AB”的语义表达重心在哪一个语素上。从数量上来说，

“AB本B”式最多，这可能是因为汉语使用者在说一个词语的时候，会更多地将语义重心放在词的后半部分，而5个字的“ABC本C”远没有4字的“AB本B”读来顺口。

从目前的使用情况来看，“××本×”结构中的“××”主要有名词和形容词两类：“××”是名词的情况相对来说更为常见，一般是强调对象的身份或者该身份拥有的特质。如“拿走这份雅思口语攻略，你就是学霸本霸”，强调在学习这件事上你比其他人更突出更优秀，比其他人更能代表“学霸”这个群体。又如“仙女本仙！林志玲穿深蓝礼服，长发披肩显可爱”，强调穿深蓝礼服、长发披肩的林志玲比其他人都更像是一个“仙女”。

“××”是形容词的情况和它是名词的情况略有不同。“土拨鼠就是可爱本爱，呆萌本萌”，这个句子里的“××本×”结构表示对象土拨鼠特别可爱、呆萌，此时整个结构的意义变成了“非常××”或者“××极了”，表示的是某人或物在性状程度上的加深，且比其他人或物在该性状程度上更深。

“××本×”强化了“××”和“×”的组合，起到了语义增强的效果。“××本×”的用法给了人们新鲜感、陌生感，这也是它能在网络上长期流行的原因之一。

从“这届人民不行”到“这届××不行”

张 舒

2016年3月24日，《人民日报》刊载了一篇名为《我们都是风气“一分子”》的评论文章，认为中国百姓爱找关系是造成官场腐败的原因之一。文章刊发后，微博中有人评论“这届人民不行”，获得了最多点赞。之后，流行语“这届人民不行”开始走红网络。在全民造句的网络狂欢时代，一个网红句式的兴起会引发网友们源源不断的创意，由此，“这届××不行”句式喷涌而出。

“这届××不行”句式中首先要关注的是量词“届”搭配的名词选择。“届”原义为“到”，后演变成说明“周期性事件的次或期”的量词，如“第二届全国人民代表大会”“2020届毕业生”。与“届”搭配的名词应当具有“呈现周期”和“有一定频率”的语义特征，如每四年举办一次的“奥运会”或是固定任职期限的“政府”。有时，虽然名词本身无法呈现周期性或没有频率，但如果前后文语境使其与具备相应语义特征的名词对照，也能够使句子成立。如“这届人民不行”中的“这届人民”与“这届政府”相对，特指“这届政府”执政时期的这一批百姓，那么“人民”也可以与“届”进行搭配。

在全民造句的传播过程中，“××”产生了泛化，不再拘泥于“呈现周期性”和“有一定频率”的语义特征，如：

影视造假，因为这届观众不行？

上例中“观众”一词的语义特征与量词“届”并不吻合，是“这届××不行”句式让这种搭配成立。在句式中“这届”和“观众”的搭配延续了“这届人民不行”的吐槽意味，保留了句式带来的调侃语气，并产生了陌生化的效果，非常符合网络用语求新求变的特点。当“届”与“××”之间的语义特征不匹配时，“届”一词在句式中对“次或期”的强调减弱了，“这届”可以被当作一个整体来看待，在语义上泛指“现在的”“如今的”，与“以往的”形成区别，如：

究竟是这届年轻人不行，还是市场对年轻人太不友好了？

上例中的“这届年轻人”指的就是“现在的年轻人”。最初开始传播的句式“这届人民不行”中“人民”是一个指人的集合名词，因此在随后的网络造句中，除了“年轻人”，还出现了“父母”“网友”“偶像”“粉丝”“老板”“骗子”“消费者”等，“××”在指人时常见的都是一些集合名词。值得注意的是，随着应用的广泛，“××”的范围也开始扩展，一些指物的名词也进入了格式，与指人名词以集合类为主的情况不同，指物名词的种类非常广泛，可以说是五花八门。当“××”在指某些更新换代较为频繁的事物时，“这届”在语义上产生了进一步的泛化，包含“最新的”“刚刚出现”的语义特征，如：

不过，不少用户反馈称“这届抢票软件不行”，即便用了加速包、买了VIP会员，还是抢不到票。

上例中的“这届抢票软件”指的就是与12306同步更新的最新版本的抢票软件。类似的“××”还有“这届iPhone不行”“这届概念车不行”等。

从“这届人民不行”到“这届××不行”，网友们的自发造句行为让“××”不断泛化。“这届××不行”调侃讽刺的娱乐意味增强，大众使用时也不再关注句式背后的来源和含义，仅仅是对句式非理性地模仿，反映了普通民众在互联网背景下对表达方式创新的追求。

现代人的“求生欲”

叶 绩

求生欲，原指在面对威胁生命的危险时刻，下意识地保护自己，从而求得最大可能生还的愿望。有人在求生欲的驱使下，激发出人体潜能，奇迹般地战胜凶险；有人在求生欲的怂恿下，卖国求荣，苟且偷生；但也有人用人性的力量战胜求生欲，将生还的希望留给他人，谱写出一首泰坦尼克式的生命悲歌。如今，“求生欲”以一种截然不同的意义出现在网络语言中。

在亲密的男女关系中，面对一些别有深意的问题，能够识破对方用意，机智地应变，做出让对方心满意足的回答，是拥有“求生欲”的表现。比如女友说：“我刚才吃药时看到一个新闻，真有意思！”直率的男生一般会说：“什么新闻？”但女友很可能是想借“吃药”发出“我生病了”的信号，真正目的是寻求你的关心和呵护。所以正确的回答应当是：“你怎么吃药了？什么病？严重吗？”这才能表明你把女友的健康放在第一位，可算是强烈“求生欲”的体现。这种一不小心就掉进陷阱，看似平常实则蕴含危机的“送命题”，在恋爱交往中并不罕见。再如吵架时女友说：“你别和我说话！”这时，比起沉默，更有效的方式是回一句：“唉，我是不配和仙女说话。”总而言之，只要能使对方从你的答复中听出爱意和欣赏，从而获得安全感，就是满满“求生欲”的体现。

在日常生活中，生命受到威胁的极端情形一般很少碰到，最接近危险的时刻莫过于恋人生气。“求生欲”由此成为一种戏称，导致大词小用的现象，恋爱时说错话造成的紧张不亚于生命受到威胁，对恋人的珍视之情油然而生。打情骂俏的轻松与生死攸关的严肃形成反差，既有让我们会心一笑的甜蜜，又免不了一丝小心翼翼的苦涩。

除了亲密关系珍贵易碎，需要“求生欲”加以呵护，在面对恋人以外的其他对象时，亦不可掉以轻心。比如上司问：“你为什么不给我朋友圈点赞？”比如朋友问：“你上次为什么放我鸽子？”再比如父母问：“你为什么结婚之后就常常不回家了？”这些问话中都隐隐包含了失望和怀疑，就算是开玩笑的口吻，也需要我们认真应对，以机智的解释消除对方的疑虑，表现出强烈的“求生欲”。保持人际关系当然不如保命重要，但对于现代人而言，如果没能掌握足够的交际技巧，就很容易陷入危机，轻则一段友情淡化，重则一世落落寡合。以“求生欲”来形容对融洽的人际关系的渴求，这种用词的夸张，折射出中国人以“和”为贵的传统。

身处错综复杂的社会，时刻保持清醒头脑，注意一举一动，一言一行，同样也是“求生欲”的体现。比如和已婚的异性朋友来往时，要把握好分寸，适当避嫌，不可越界；再如和别人发生冲撞时，若是根源在于自己的失误，应当及时道歉，以避免引起更大的冲突。由此可见，“求生欲”不仅是在对话中以机智的回答避免人际危机，更是一门为人处世的生活哲学。

拥有“求生欲”，意味着面对隐含危机的难题时不再如履薄冰，哑口无言，意味着沉着应对，化险为夷。但值得注意的是，不可一味在做错事后以“求生欲”补救，更不可借“求生欲”之名，巧言令色，掩盖真心。很多时候言为心声，表里如一，谁说不是“求生欲”的表现呢？

纯路人与“纯××”

程 源

“纯”字的字义是“不含杂质”“纯粹”“单纯”，例如“纯净水”是指人工过滤、杀菌后不含杂质的饮用水，“纯真”指没有被世俗污染过的、纯粹真挚的品格。

“纯路人”指“纯粹的过路人”，表示事情与自己无关，其中的“纯”用的便是纯粹之义。“纯路人”一词最早在游戏玩家中流行，后来从游戏圈蔓延开去，渐渐在网络上成为流行“梗”：网友们在发表评论时如果以“纯路人”三个字开头，就是表明自己客观公正的立场，以此求取更多的赞同。

刚开始，以“纯路人”开头进行发言的人的确是纯粹的“吃瓜群众”；但后来，“纯路人”一词由于具有标榜发言者客观公正的便利性而被滥用，致使标榜自己是“纯路人”的网友反而并非纯粹的路人，而更可能是不客观不公正的人。他们有特定的主观倾向，与所谈论的人或事有情感或利益关联，甚至妄图引导舆论。例如粉丝圈中，有些粉丝想要维护自己的偶像时，总会以“纯路人”开头，想以此获得网友信任，使别人相信自己接下来对偶像的描述和夸赞出于公正之心。例如：“纯路人，我认为×××演技吊打内娱明星。”“纯路人，感觉×××真的好帅啊！”除此之外，“纯路人”还与“有一说一，确实”结合在一起，形成了标榜客观公正的“固定句式”。

这种“把戏”用多了以后，网友们开始心照不宣地将“纯路人”理解为“情感或利益关联方”，并由此演化出了多种调侃句式，例如粉丝大方表明自己的“粉丝”身份，表达对偶像的喜爱：“纯粉丝，我觉得这个男明星是内娱最帅，不接受反驳。”也有黑粉不满粉丝尬吹，直接大胆地对明星进行嘲讽，如：“纯黑粉，他刚刚是在学鸭子叫吗？”

“纯路人”是“纯”与名词“路人”的搭配，与“纯路人”结构相似的词语还有很多，如“纯爷们”“纯干货”“纯素颜”“纯小白”等等。这些用法都是在强调“纯”后所接名词的纯粹性。“纯”这个字也可以和形容词搭配，表明性质的单纯性，如“纯好奇”“纯无聊”等等。较为特别的是，有时候“纯”字后面的词语本身已经带有了“纯粹”的含义，却依然使用“纯××”的说法。比如，“素颜”一词本已指不施脂粉、完全没有化妆，但由于存在许多化了妆却谎称自己没化妆，以此来彰显“天生丽质”的“伪素颜妆”，真正的素颜也就被加上了“纯”字，用“纯素颜”的说法来强调其真实性。“纯路人”也是一个凸显纯粹的强调用法，“路人”一词本就表明与“粉丝”或“黑粉”等有着明确立场倾向的人不同，是没有特定主观倾向的单纯个人，本身已蕴含了“客观”的含义，但由于此前网络上假装“路人”的情况太多，所以在“路人”之前加上一个“纯”字，来强化这种“‘纯粹’的‘客观’属性”。但是也不难发现，“纯路人”用着用着也贬值了，变得不那么纯粹了。

从“纯××”这一结构的语义流变中我们可以看出，词语往往会受到社会环境和人际交往的影响，其意义会不断更新。而网络语言因其传播便捷，意义就更为多变。这一个个简单的方块字中，滚动着历史的隆隆车轮，也奔涌着今日的滚滚浪涛。

“套娃”的套路

王馨宇

“套娃”本指一种源自俄罗斯的木质玩具，由多个一样图案的空心木娃娃一个套一个组成。可是今天的网络评论区里，我们经常看到“禁止套娃”这样的发言，你是否曾经感到不解？

原来，此“套娃”非彼“套娃”，网络用语中的“套娃”指的是“像套娃一样的行为”，也就是不断循环相同内容或模式的话，“套娃”从名词引申成了动词。总的说来，常见的“套娃”模式大致可分为四种：

第一种就是重复对方的话，即不断地重复内容完全一致的信息，与网络梗“人类的本质是复读机”有异曲同工之妙。如一张流传网络的表情包中，一台复读机对另一台复读机说：“原来你也是复读机呀。”然后对话就无休止地进行下去。

第二种是结构规则的递归使用，如：“反对你的意见，反对反对你的意见，反对反对反对你的意见……”首先对“你的意见”进行否定，接着再对否定进行二次否定乃至无限次否定。语言中同一个结构规则被反复使用，可以不断嵌套。

再来看第三种，属于语义嵌套。这个故事你一定耳熟能详：“从前有座山，山里有座庙，庙里有个老和尚给小和尚讲故事，讲什么故事呢？从前有座山，山里有座庙……”它的首尾由于“故事”一词的开放性串联起来，在故事中说故事，形成一个无限延伸的链条。

不过语义的嵌套，也对说者与听者的理解能力提出了更高的要求。比如美国一议员的奇谈怪论——“美国谴责中国谴责美国干涉中国内政是中国干涉美国内政”，理解起来就很困难，而且根本没有逻辑。如果“中国谴责美国干涉中国内政是干涉美国内政”，那么同理可证“美国谴责中国干涉美国内政也是干涉中国内政”，于是就在文字游戏中掉入了自掘的陷阱。

最后一种套娃模式则属于循环论证，如：“甲：我睡不着觉。乙：你为什么睡不着觉?甲：因为我心烦。乙：你心烦什么?甲：我心烦自己睡不着觉。乙：你为什么睡不着觉？甲：因为我心烦。”这是一种典型的论证谬误，其论证的前提中永远包含了要论证的结论。

以上四种“套娃”都具有迭代性，可以无限地延伸下去或进入死循环。

为了防止无聊的“套娃”行为，网友们又创作出了“禁止套娃”，意思是禁止这样无休止地循环嵌套下去。“禁止××”属于命令型祈使，本身具有类似于警告标语性质的严肃性，如“禁止吸烟”“禁止停车”，听来便令人生畏。但网友随后又用诙谐的方式化解，在网络跟帖后出现“禁止禁止套娃”“禁止禁止禁止套娃”……于是又开启了新的一轮“套娃”，令人忍俊不禁。不过，“套娃”行为看多了，嵌套本身的乐趣也会变得乏味。对“套娃”行为的禁止，体现出人们对套路重复的拒绝与厌倦。

“套娃”一般来说是一种语言游戏，但用在一些不合理的规定上，“套娃操作”就在调侃之外兼具了讽刺的意味。比如有一个段子是说：“会员才可以在店里消费，消费才可以成为会员。”想要得到A，先要得到B；想要得到B，又要先得A。一旦这样的逻辑建立起来，便很难从内部打破，因为这本身就是个闭合的循环链条。商家在设计规则之初没有从实践的可操作性考虑，因而忽视了逻辑上的漏洞，引发了可笑的“套娃”问题。

“套娃”虽重复，不过适度“套娃”仍然趣味十足。比如在这里，当笔者要写结尾的时候，就把“要写结尾”这件事情写进结尾里，这样就可以用“要写结尾”这个想法解决写结尾这件事——完美贯彻了“套娃”的精神。

“懂王”懂什么

娄楚楚

在生活中，有一类人你难免会遇到，他们总喜欢卖弄学识并认为自己什么都懂。在新近的网络用语中，这类人被叫作“懂王”。

第一位被中国网友冠上“懂王”头衔的是美国第45任总统唐纳德·特朗普，他的口头禅是“There’s nobody that knows... better than me”，翻译成中文就是“没有人比我更懂……”。例如面对新型冠状病毒肺炎，他会说“没人比我更懂病毒”；面对科技，他会说“没人比我更懂无人机”；面对经济，他又说“没人比我更懂货币贬值”。诸如此类，有四五十条之多。在特朗普的公开演说中，他将自己塑造成一位似乎什么都懂的总统，然而很多时候只是在班门弄斧、贻笑大方，因此被网友戏称为“懂王”。

随后广大网友发现，日常生活中也存在着像特朗普那样的人，“懂王”这个称号便开始不再为特朗普专有，也被网友们用来作为同类人的贬称。这类人或许并不一定会使用“没有人比我更懂……”的句式，但他们往往在人前表现得盲目自信，总是侃侃而谈自己的观点并对他人评头论足，他们永远觉得自己的言论是对的，将自己塑造成懂得一切的知识型王者。

为什么我们称这些人为“懂王”呢？其中的“懂”，在正常情况下是“知道、了解”的意思，但是在“懂王”中表示的恰恰是“不知道、不了解”的状态。当我们批评“懂王”的时候，我们会说“嗯嗯，你最懂了，全世界都没你懂”，看似在说对方懂了，实际上却是在讽刺他的“不懂装懂”。而“懂王”的“王”主要不是表示此人的社会地位，而是表示此人“不懂”的程度之深以及我们对他的嘲讽程度之深。

随着“懂王”的使用愈发广泛，许多“懂×”的构式也随之出现。当“懂王”是男生时，我们将其称为“懂哥”或者“老懂哥”，例如在游戏圈，那些“对游戏的制作和设计了解不多，却对批评和谩骂特别在行”的男生会被称作“懂哥”。而“懂王”是女生时，我们就会叫她“懂姐”甚至“懂后”。此外，还有“懂×帝”的结构，自以为懂车的人就是“懂车帝”、自以为懂法律的则是“懂法帝”等等。不过无论是“哥”“姐”“后”还是“帝”，它们都在一定程度上延续了“王”的含义，即表示“不懂”的程度之深。毕竟我们不会叫他们“懂弟”或者“懂妹”吧！

“懂王”的广泛使用不仅产生了更多的构词形式，它的情感色彩也逐步开始发生变化。最初我们使用“懂王”是用来讽刺特朗普，后来这个词被用于嘲弄那些喜欢卖弄、不懂装懂的人，都带有贬义的情感色彩。后来，在某些语境下，“懂王”也可以指懂的东西确实比较多的人，那么此时“懂王”的情感色彩就是中性的。就比如有网友在网上提问的时候会说：“想请教各位懂王，美国后面还有多少夺金点？”而在极少数情况下，“懂王”甚至可以表示褒义的情感色彩，例如在褒奖别人游戏技能出众的时候，也可以说：“他是骨灰级玩家了，真正的懂王，让他带你上星吧！”不过，需要提醒的是，在如今的网络用语中，“懂王”一词的情感色彩在大多数情况下仍表贬义，仅在特殊语境下可以表示中性或者褒义。

懂得多固然是件好事，但是在日常生活中，我们也要时刻对“不懂装懂”保持警惕，真诚待人，成为真正“懂”的“懂王”！

“普信”—— 跑偏的自信

潘雨薇

“男人为什么明明看起来那么普通，却可以那么自信？”

2020年8月，脱口秀演员杨笠在脱口秀表演中的一句“那么普通，却可以那么自信”引发网络热议，“普信男”一词应运而生。

“普信男”是“普通却自信的男性”的缩写形式，特指那些样貌、收入、素养都很普通，但对自己的判定虚高，而对异性的要求特别高，有着迷之自信的男性。他们常常通过批判对方的不足，以彰显自己的优越感，整体呈现出一种跑偏的自信。该词一出，许多女性网友找到了共鸣，她们在互联网上晒出了自己遇到的“普信男”的经典语录，其中最常见的话术有：

丫头，哥给你个机会让你得到我。

看到我照片了吧？怎么还是无动于衷呢？

头像是我，不满意？

你们女人就是口是心非。

“头像是我，不满意？”这句话被认为是普信男最经典的一句话，表面上来看是说话者对于自我魅力的肯定，实际上是“普信男”最典型的特征：对自身外貌的不自知和盲目的自信。

而“你们女人就是口是心非”等话语则是自以为猜透了对方的

心思，不顾对方的拒绝和反驳，这是“普信男”的另一个特征。他们往往想要控制他人的想法，使得对话朝着自己主观设想的方向进行，但归根到底仍然是盲目自信，过度以自我为中心。

在“普信男”流行之后，“普信女”随之诞生。同样是“普通却自信”的缩写形式，“普信女”也对自己的外表太过自信，对异性的要求过于苛刻，幻想着自己被所有异性喜欢，请看以下经典语录：

你在克制对我的喜欢是吧？

那个男生老是在看我，是不是想要我电话？

别装了，偷看我那么多次，你就是喜欢我吧！

你们不要为了我吵架了，我没有那个意思啦。

这些话说明“普信女”在社交关系中将自己看得过分重要，从而产生很强的表现欲，并因此产生误会。而“普信女”对于异性不合常理的高要求往往包括学历、家庭环境、经济条件等多个方面，我们可以用以下“普信女”的择偶标准作为一个例子：

1.男生全日制研究生学历，硕士学位985或海外top1院校毕业，谢绝MBA/EMBA学位。

2.男方父母限本科及以上学历，若学历不够请勿打扰。

3.上海全款无贷商品房一套起步（限本人名下）。

4.英语口语流利，六级分数600分以上，不符条件请勿搭讪，谢谢。

“普信”一词脱离性别话题之后，“普通却自信”的使用范围也开始逐渐扩大。一方面，它延续之前的用法，是对盲目自信且对他人要求极高的一类人的吐槽。另一方面，也有人用来进行自我调侃和自我定义，认为作为一个“普通却自信”的人挺好。例如：

每次写论文和答辩的时候，我总是那么普通，却又那么自信。

由此，不免使人思考一个问题：普通和自信有什么对立的地方吗？在对“普通却自信”进行探究之后，我们可以发现“普却信”其实并不等于普通人不能自信，而是明明很普通却表现得过于自信甚至自负。回看之前的“普信”语录，普通并不是什么过错，但身为一个普通人的自信应该建立在充分自知的基础之上，而“普信”人群被批判的原因也正是在于这类人的自信是在没有认清自己的前提下发生的，所谓的“普信”实际上是一种跑偏的自信，这种自信大多是通过攻击他人、抬高自己来实现的。

例如，格力电器公司董事长董明珠网络曝光率很高，经常有人在网络上对其外形以及私生活进行攻击，认为她“是个气质一般的老阿姨”“言语狂妄”“家庭生活不够圆满”等等。这些留言者便被吐槽为“普却信”，其实我们并不知道他们本身是普通还是优秀，但是他们面对别人，以居高临下的态度进行无端的贬低和评价，这就是“普信”的典型表现了。

盲目自信的人和真正自信的人是完全不同的两类人。对于个体而言，当我们拥有正确的自我意识和自我判断时，才能获得较高的价值体验，成为真正自信的人。不管是“普信男”还是“普信女”，愿我们都能正确地面对和接受自己的优缺点，客观地看待自己，成为一个即使普通也真正自信的人。

图书在版编目（CIP）数据

会说话就出本书：流行语百词榜．2／徐默凡主编
．-- 上海：上海文化出版社，2023.6（2024.4 重印）
（咬文嚼字文库）
ISBN 978-7-5535-2738-3

Ⅰ．①会… Ⅱ．①徐… Ⅲ．①汉语－社会习惯语－通俗读物 Ⅳ．① H136.4-49

中国国家版本馆 CIP 数据核字（2023）第 073629 号

会说话就出本书——流行语百词榜 2

徐默凡 主编

责任编辑：蒋逸征
装帧设计：王怡君

出　版：上海文化出版社　上海咬文嚼字文化传播有限公司
地　址：上海市闵行区号景路 159 弄 A 座 2—3 楼
邮　编：201101
发　行：上海市闵行区号景路 159 弄 A 座 206 室
印　刷：浙江天地海印刷有限公司
规　格：890×1240 1/32
印　张：8.75
版　次：2023 年 6 月第 1 版 2024 年 4 月第 2 次印刷
书　号：ISBN 978-7-5535-2738-3/H.063
定　价：48.00 元

告读者：如发现本书有印刷质量问题请与印刷厂质量科联系
电　话：0573-85509555